Bu küçücük kitab ... ecek-
siniz ama ne kadar m ... tiği-
nizde, sayfaları tekra ... kadınların
kendine olan güvenini v ... rtaya çıkartmanın
pratik yollarını göreceksi

- Publishers Weekly

Louise L. Hay, Güçlü Kadınlar adlı kitabında kadınların ve genç kızların sosyal yönlerden maruz kaldığı olguların altını çizmiş ve bu olguları aşk, saygı ve sevgiyle nasıl pozitif hale getireceğimizi basit ve pratik bir şekilde açıklamış. Ayrıca empoze edilen bu olgulardan kurtulma yolları da yine bu kitabın sayfalarında gizli.

- Amazon.com

Hayatınızın hayallerinizdeki gibi olmasını istiyorsanız bu kitabı mutlaka okumalsınız.

- Hay House

Louise'den pozitif mesajlar almaya çalışın. Bu kitabı okuyun ve hayatınızdaki artılarla sıkı bir bağlantı kurun.

- Barnes & Noble

Tüm kadınların okuması gereken, adeta kadınların kutsal kitabı niteliğinde bir eser. Sıkıntılarını mı var? Hasta mısınız? Okuyun, mutlaka bulacağınız bir deva olacaktır.

-Goodreads.com

Bu kitap gerçekten muhteşem. Okudum ve "Benim Sorunum ne?" demeye son verdim. Sorunlarımı çözdüm. Teşekkürler Louise.

- Alex Lovejoy

Bu kitap pozitif düşünce ve sevgi araçlarını barındıran bir kitap. Kötümserlikten yorulmuş ve bıkmış, karamsarlık ve benzeri şikayetleri olanlar mutlaka bu kitabı okumalıdırlar.

- Debbie Savannah

Kesinlikle ilham kaynağı niteliğinde bir kitap. Beynimin ve vücudumun ne kadar gücü ve kapasitesi olduğunu algıladım. Şimdi daha pozitif düşünüyorum. Kitaplığınızda olması gereken bir kitap.

- Ford Barbiero

Hayatınızı değiştirmek mi istiyorsunuz? O zaman bu kitabı okuyun.

- Jo Anna Star

Okuyabileceğiniz en pratik kitaplardan biri. Belli başlı direktifler, alıştırmalar ve meditasyonlarla her kadın kendini istediği yönde iyileştirebilir. Herkese bu kitabı tavsiye ediyorum. Okuyun ve hayatınıza renk katın.

- The New York Times

Gerçekten işe yarayan harika bir kitap. Kendinize inanarak ve güvenerek bir çok zorluğun üstesinden gelebilirsiniz. Sadece kendinizi sevin ve bu kitabı mutlaka ailenize, arkadaşlarınıza ve işine yarayacağını düşündüğünüz herkese verin.

- Washington Post

İÇİNDEKİLER

Bölüm

Şimdi kadınların
kendi sınırlarını kaldırma zamanı.
Hayallerinizin
çok daha ötesine gidebilirsiniz.

GÜÇLÜ KADINLAR

Biraz eski, biraz yeni. Bu kitap önceki fikirlerimden bazılarıyla yepyeni fikirlerimden oluşan, kadınların gerçek potansiyellerine ulaşmasını sağlayacak bir kitaptır. Temel düşünceleri yeniden gözden geçirerek ve onlara yenilerini ekleyerek, sağlam bir gelecek yaratıyoruz. Kadınları güçlendirmek, gezegen için yapabileceğimiz en iyi şeydir. Kadınları bastırdığımızda, herkes kaybeder. Kadınlar kazandığında herkes kazanır.

–Louise L. Hay

"Yeni bir şeyin hayalini kurmadan önce eskiyi tamamlayıp kafanızın "rahat" olması gerekir, ancak o zaman yepyeni şeyler yaratabilirsiniz."
–Christiane Northrup

GİRİŞ

"Yeni bir şeyin hayalini kurmadan önce eskiyi tamamlayıp kafanızın "rahat" olması gerekir, ancak o zaman yepyeni şeyler yaratabilirsiniz."
–Christiane Northrup

GİRİŞ

Öncelikle tüm öğretmenler gelişim yolunda sadece basamaktır. Buna ben de dâhilim. Ben bir şifacı değilim; kimseyi iyileştirmedim. Sizinle bazı fikirleri paylaşarak kendinizi güçlendirmenize yardım etmek için buradayım. Birçok kitap okumanızı ve birçok öğretmenle çalışmanızı istedim. Çünkü hiç kimse ya da hiçbir sistem tamamen bir konuya hâkim olamaz. Hayatı tamamen anlayamayız. Yaşamın kendisi o kadar engin ki tamamen anlamamız mümkün değil. Yaşam daima gelişiyor, genişliyor ve kendini hep aşıyor. Bu yüzden yapabileceğiniz en iyi şey bu kitabı okumak. Bu kitabı özümseyin, kullanın ve sonra başka öğretmenlerle çalışın. Yaşamla ilgili kavrayışınızı sürekli geliştirin ve derinleştirin.

Siz ve ben de dâhil tüm kadınlar çocukluktan itibaren utanıyoruz ve suçlanıyoruz. Kadın olarak, bazı kurallar ve yasalarla birlikte belli bir şekilde davranmamız ve düşünmemiz için ebeveynlerimiz ve toplum tarafından programlanıyoruz. Tabi kadın olmakla ilgili öfkeler de bununla birlikte geliyor. Bazılarımız bu rolü oynamaktan tatmin oluyor. Ama çoğumuz bundan memnun değil.

Yaşam dalgalar hâlinde geliyor, deneyimle öğreniyoruz ve evrim süreçlerinden geçiyoruz. Şu anda da mükemmel bir evrim sürecindeyiz. Bu kadar zamandır kadınlar tamamen erkeklerin inanç sistemlerine ve kaprislerine maruz kalmıştır. Bize ne yapabileceğimiz, ne zaman yapabileceğimiz ve nasıl yapabileceğimiz hep söylendi. Küçük bir kızken, bir erkeğin iki adım arkasında yürümem ve ona bakıp "Ne düşüneyim ve ne yapayım?" sorusunu sormam gerektiği öğretildi. Bunlar tabi ki sözel şekilde öğretilmedi ama annemi ve yaptıklarını izledim, ondan bu davranışı öğrendim. Ona da erkeklere tam itaat göstermek öğretilmişti. Bu yüzden istismarın normal olduğunu kabul etti, ben de öyle. Kalıplarımızı bu şekilde öğreniyoruz. Bizler ebeveynlerimizin inançlarını ve davranışlarını kabul ediyor ve tekrarlıyoruz.

Böylesi bir davranışın doğru olmadığını, normalde bir kadının hak ettiklerinin bunlar olmadığını anlamam belli bir zaman aldı. Kendi içsel inanç sistemimi ve bilincimi yavaşça değiştirirken kendi özdeğerimi ve öz saygımı oluşturmaya başladım. Aynı zamanda, dış dünyam da değişti. Artık baskın ve istismarcı erkekleri kendime çekmemeye başladım. İçsel özdeğer ve öz saygı bir kadının sahip olabileceği en önemli şeydir. Bu niteliklere sahip değilsek, o zaman onları geliştirmemiz gerekir. Özdeğerimiz güçlenirse, aşağılık ve istismarcı pozisyonları kabul etmeyiz. Başkalarının üzerimizdeki baskılarını kabul ediyoruz, çünkü "iyi olmadığımıza" ya da değersiz olduğumuza inanıyoruz.

Bugün kadınların kendileri olabilmeleri ve bu dünyada gerçekten eşit bir konum bulabilmelerine yardım etmek için işime odaklanmak istiyorum. Tüm kadınların kendilerini sevdiklerini, kendilerine değer verdiklerini, saygı gördüklerini ve toplumda güçlü bir yer edindiklerini görmek istiyorum. Bu erkekleri önemsiz kılmak değildir. Daha çok her iki tarafın da yararına, cinsler arasında "eşitlik" demektir.

Bu kitabı okuyup bilgileri uygularken, inanç sistemlerinizde ve davranışlarınızda değişiklik yapmanın zaman aldığını unutmayın. "Ne kadar zaman alır?" sorusu yerine şöyle sorabilirsiniz: Yeni fikirleri ne kadar çabuk kapar ve kabul edebiliriz? Bu, kişiden kişiye değişir. Bu yüzden, ilerlemenizde sınırlar ve zaman sınırları koymayın. Sadece elinizden gelenin en iyisini yapın. Sınırsız bilgisiyle Evren, sizi doğru yöne sevk edecektir. Adım adım, an be an, gün be gün çalışmak bizi istediğimiz yere getirecektir.

BİRİNCİ BÖLÜM

BİRİNCİ BÖLÜM

Başlangıç: Yapacak ve Öğrenecek Çok Şeyimiz Var

Geçmişte kadınların nasıl programlandıklarıyla ilgili harika bir örnek sunmak istiyorum. Şimdi aşağıda okuyacaklarınız 1950'lerden kalma lise ev ekonomisi ders kitabından alıntıdır, gerçekten!

1. Akşam yemeğini hazırlayın. Zamanında lezzetli bir yemek için plan yapın, hatta bir gece öncesinden planlayın. Böylelikle erkeğinizi düşündüğünüzü ve ihtiyaçlarını önemsediğinizi göstermiş olursunuz. Erkeklerin çoğu eve geldiklerinde açtır. İyi bir akşam yemeği, ihtiyaçları olan sıcak karşılamanın bir parçasıdır.

2. Kendinizi hazırlayın. Erkeğiniz gelmeden on beş dakikanızı kendinize ayırıp dinlenin. Böylelikle dinç karşıla-

mış olursunuz. Makyajınızı tazeleyin. Saçınıza kurdelenizi takın ve dinç görünün. Tüm gün boyunca iş yorgunu insanlarla beraberdi zaten. Biraz neşeli ve biraz da ilginç olun. Sıkıcı gününü canlandırın.

3. Dağınıklığı toparlayın. Kocanız eve gelmeden önce evin ortak alanını son kez gözden geçirin, okul kitaplarını, oyuncakları, kâğıtları falan toplayın. Sonra etrafın tozunu alın. Kocanız eve geldiğinde kendini cennete gelmiş hissetsin. Bu size de iyi gelir!

4. Çocukları hazırlayın. Çocukların ellerini ve yüzlerini (eğer küçüklerse) yıkayın, saçlarını tarayın ve gerekirse kıyafetlerini değiştirin. Onlar küçük hazinelerdir. Onların da rol aldığını görmek kocanızın hoşuna gidecektir.

5. Tüm sesleri en aza indirgeyin. Kocanızın gelmesine yakın bulaşık makinesinin, çamaşır makinesinin, kurutucunun ya da süpürgenin sesini kesin. Çocuklarınızın sessiz olmasını sağlayın. Onu gördüğünüze mutlu olun. Onu sıcak bir gülümsemeyle karşılayın ve onu gördüğünüze memnun olun.

6. Bazı yapılmaması gerekenler: Onu şikâyetlerle ya da sorunlarla karşılamayın. Akşam yemeğine geç kalırsa şikâyet etmeyin. Tüm gün yaşadıklarıyla kıyaslayınca bunu küçük bir sorun olarak görün. Onu rahat ettirin. Rahat bir koltuğa yaslanmasını sağlayın ya da yatak odasında uzan-

masını önerin. Onun için soğuk ya da ılık bir içeceği hazır edin. Yastığını düzeltin ve ayakkabılarını çıkarmayı önerin. Alçak, rahatlatıcı, yatıştırıcı ve zevk verici bir ses tonuyla konuşun. Rahatlamasına ve gevşemesine izin verin.

7. Onu dinleyin: Ona söyleyecek bir düzine şeyiniz var ama geldiği zamanı denemeyin. Önce onun konuşmasına izin verin.

8. Akşam onun olsun: Sizi yemeğe ya da eğlenmeye götürmediği için asla şikâyet etmeyin. Bunun yerine, dünyasının gerilim ve baskıyla dolu olduğunu anlayın. Onun gevşemeye ve dinlenmeye ihtiyacı var.

EĞER yukarıdakileri yapmak istiyorsanız, bunun yanlış bir tarafı yok. Ama o zamanlar birçok genç kadın buna göre yetiştiriliyordu. Kocalarını memnun etmek adına kendilerini tamamen hiçe sayıyorlardı. Tüm bu maddeler "iyi bir kadının" nasıl davranması gerektiğiyle ilgilidir. Erkekler için harika olabilir ama çoğu kadın için kesinlikle iyi değil. Bugün biz kadınların kendi yaşamlarımızı tekrar düzenlemesi gerekiyor. Her şeyi sorgulamayı öğrenerek kendimizi yeniden yaratabiliriz, oldukça rutin görünen şeyleri bile sorgulayarak: yemek yapmak, temizlik yapmak, çocuk bakımı, günlük ev işleri, şoförlük gibi. Uzun zamandır otomatik olarak yaptığımız her şeyin gözden geçirilmesi gerekiyor. Önceden olduğu gibi, zamanla kendimizden biraz daha kaybederek mi ömrümüzü tamamlamak istiyoruz?

Kadınları toparlamak demek, erkekleri ezmek demek değildir. Erkekleri ezmek, kadın istismarı kadar kötüdür. Böyle bir şey yapmak istemeyiz. Bu tarz bir davranış hepimizin batmasına neden olur. Zaten yeterince batmışız. Yaşamlarımızdaki tüm rahatsızlıklar için kendimizi, erkekleri ya da toplumu suçlamak durumu iyileştirmez, sadece güçsüz olmamıza neden olur. Suçlamak her zaman tüketici bir davranıştır. Dünyamızdaki erkekler için yapabileceğimiz en iyi şey kurban olmayı bırakmak ve birlikte harekete geçmektir. Herkes özsaygısı olan birine saygı duyar.

Erkeklere karşı büyük bir şefkat duyuyorum. Yaşamda onlar da büyük zorluklarla karşılaşıyorlar. Onlar da rollerine sıkışıp kalmışlar, büyük bir yük ve devasa baskı altındalar. Çocukluklarından bu yana, erkek çocuklarına ağlamamak veya duygularını ifade etmemek öğretiliyor. Duygularını tutmaları öğretiliyor. Bence bu, bir tür çocuk istismarı ve işkencesi. Yetişkin olduklarında bu kadar öfkeli olmalarına şaşmamalı. Ayrıca, çoğu erkek babalarıyla iyi bir ilişkisinin olmamasından pişmanlık duyuyor. Bir erkeği ağlarken görmek istiyorsanız, rahat bir ortamda babasından bahsetmesini sağlayın. Genellikle ikisi arasında söylenmemiş şeylerden konuşurken ve çocukluklarının daha farklı olmasını dilerken çok hüzünlü anlar yaşanır. Babalarından sevildiklerini ve değerli olduklarını duymayı çok istemişlerdir.

Kültürün getirisi olarak kadınların beyni "iyi" olmak için herkesin ihtiyacının kendisinden öncelikli olduğuna inanmaları için yıkanmaktadır. Çoğumuz gerçekten olduğumuz hâlimizi benimsemiyor, olmamız gereken kişilik için yaşıyoruz. Bu yüzden çoğu kadın derin gücenmişlikleriyle hayatına devam ediyor. Çünkü kendilerini "hizmet etmeye" zorlanmış hissediyorlar. Bu kadar kadının tükendiğine şaşmamalı. Genellikle çalışan anneler iki tam zamanlı iş yapıyorlar. Biri ofiste, diğeri de eve geldikten sonra başlıyor. Ailenin ihtiyaçlarını görüyorlar. Fedakârlık, feda edeni öldürür.

Biraz dinlenmek için hasta olmamız gerekmiyor. Kadınlardaki çoğu rahatsızlığın biraz dinlenmek istemekten kaynaklandığını düşünüyorum. Çoğu kadın ancak bu şekilde dinlenmeyi hak ettiğini düşünüyor. Hayır demek zorunda kalmadan sırtları biraz rahat görebiliyor.

Biz kadınların bilmesi gereken, gerçekten bilmesi gereken ikinci sınıf vatandaş olmadığımızdır. Bu, toplumun belli kısımları tarafından sürdürülen bir mittir ve tamamen saçmalıktır! Aşağılık ruh yoktur, ruhun cinsiyeti yoktur. Kendi yaşamlarımıza değer vermeyi öğrenmeliyiz ve başkalarına değer verilmesi öğretildiği kadar kendi yeteneklerimizi de önemsemeliyiz. İlk feminist harekette kadınların haksızlıklara çok öfkeli olduğunu, her şey için erkekleri suçlayarak savaş açtıklarını biliyorum. O zaman bunlar sorun değildi. Bir tür terapi gibi bir süre kızgınlıklarını atmaya ihtiyaçları vardı. Çocukluğunuzdaki istismardan dolayı terapiste gittiğinizde, iyileşme sürecinden önce tüm duygularınızı ifade etmeniz gerekir.

Yine de, bu duyguları ifade etme zamanı geldiğinde, sarkaç daha dengeli bir noktada durdu. Şu anda kadınlara olan budur. Öfkeyi ve suçluluğu, kurbanlığı ve güçsüzlüğü serbest bırakma zamanımız geldi. Bugün biz kadınların kendi gücümüzü kabul etme ve buna sahip çıkma zamanıdır. Şimdi kendi düşüncelerimizi ele alma ve istediğimizi söylediğimiz eşitlik dünyasını yaratma zamanıdır.

Kadın olarak olumlu anlamda kendimizle ilgilenmeyi öğrendiğimizde, öz saygımızı ve özdeğerimizi geliştirdiğimizde doğru yönde kuantum sıçraması yaparız. Cinsler arasında saygı ve sevgi oluşur. Kadın da erkek de birbirini onurlandırır. Her şeyin herkese yetecek kadar bol olduğunu ve birbirimizi mutlu edebileceğimizi ve gelişebileceğimizi öğreneceğiz. Birbirimizi sevmenin güvenli olacağı, hepimizin mutlu ve bütün olabileceğimiz bir dünya yaratabileceğimize inanıyorum.

Uzun bir süre, biz kadınlar kendi yaşamlarımıza hâkim olmak istedik. Şimdi böyle bir fırsat penceresi açıldı. Evet, hâlâ güç kazanmak ve kadın erkek arasında yasal güç elde etmek konusunda eşitsizlikler var. Yine de mahkemelere başvurabiliyoruz. Yasalar erkekler için yazılmıştı. Mahkemeler mantıklı bir adamın ne yapacağından bahseder, tecavüz davalarında bile!

Kadınların yasaları tekrar yazmak için siyasi parti kampanyaları başlatmalarını tavsiye ediyorum, böylelikle yasalar kadın ve erkekler açısından uygun olabilir. Gücümüzü, bu toplu gücü hatırlamaya ihtiyacımız var. Ortak bir sebeple toplanan kadın enerjisi harika olur. Yetmiş beş yıl önce, kadınlar oy kullanma hakkı için mücadele vermişlerdi. Bugün, ofislerde çalışabiliyorlar.

Kadınların politik pozisyonlarda görev almalarını destekliyorum. Biz politikaya aidiz, bu alan bizim için açık. Ortak bir dünyada kısıtlama olamaz. Kendi yasalarımızı ve hükümetlerimizi şekillendirmek istesek, o zaman kadınları eşit olarak destekleyebiliriz. Bu yüzden bu alanlara girmeliyiz. En alt seviyeden başlayabiliriz. Politikaya girmek için bir ömür eğitim almamız gerekmiyor. Politik bir kariyer kadınlar için güçlü bir alandır.

1935'te Eleanor Roosevelt'in her yeni evde tuvaletin içeride olmasının zorunlu olduğu bir yasayı meclisten geçirttiğini biliyor muydunuz? Meclisteki erkek üyelerin çoğu "Herkesin banyosu olursa fakirle zengini nasıl ayırt edebileceğiz?" sorusunu sorarak itiraz etmişti. Bugün içerdeki banyoları olağan kabul ediyoruz, bunu yasa hâline getirmek için meclisle savaşan güçlü bir kadının farkında değiliz. Kadınlar bir araya geldiklerinde, dağları yerinden oynatır. Ve dünya daha iyi bir yer olur.

Bayağı yol kat ettik ve bunu kaybetmek istemiyoruz. Koloni zamanlarında, bir erkek ev halkının mutlak hâkimiydi. Çocuğunun, karısının veya hizmetkârının itaatsizliği kırbaçla cezalandırılırdı. 1850'lerde, saygıdeğer hiçbir kadının seksten zevk alma hakkı yoktu. Evet, bayağı yol kat ettik ve gelişimimizin yeni bir evresine geldik. Yapacak ve öğrenecek çok şeyimiz var. Kadınların şu anda yeni bir özgürlük sınırı var. Tüm kadınlar için, yalnız yaşayanlar da dahil yeni yaratıcı çözümler yaratmaya ihtiyacımız var.

İKİNCİ BÖLÜM

İKİNCİ BÖLÜM

Reklamlar:
Kadınların Özsaygısını Geliştirmek

Reklam dünyası onların ürünlerini alalım diye öz saygı yoksunluğumuzdan yararlanmayı hedeflemektedir. Reklamlarının çoğunun altında "Yeterince iyi değilsiniz... Ve anca bizim ürünümüzü kullanırsanız kendinizi düzeltebilirsiniz" mesajı var. Reklamcıların bizi hedeflemelerine izin veriyoruz, çünkü düzeltilmesi gereken kusurlarımızın olduğuna inanıyoruz. Kendimizi aşağılık hissettiren girişimlerini yutmamalıyız artık.

Reklamcıların favori saldırı alanları bedenlerimizdir. Toplumdan ve "yeterince iyi değilsin" mesajıyla kadınları hedefleyen reklamlardan kaynaklı olumsuz inançları kabul ediyoruz. Çoğu zaman bedenlerimizi sevmememize şaşmamalı. Kaçımız rektumlarımızı gerçekten sevdiğini söyleyebilir? Burunlarımızı ve kalçalarımızı kabul etmekte bile sorun yaşıyoruz. Kaç yaşında özdeğerimizin bedenlerimize denk olduğunu öğreniyoruz acaba? Bebekler kalçalarının büyüklüğünden dolayı yeterince iyi olmadıklarını asla hissetmezler!

Savunmasız genç kızlarken, öz saygımızı azaltmaya çalışan ve başkalarının kabul edebileceği biri olmak ya da çekici olmak için belli bir ürünü kullandırma hissini doğuran reklamların bombardımanına maruz kalıyoruz. Bu yüzden toplumumuzda ergen kızların öz saygıları son derece düşük. Birçok durumda bu azalan öz saygı duygusu yetişkinlik yıllarında da devam ediyor. Sigara şirketleri reklamlarıyla ergen kızları hedef almayı seviyor. Çünkü bu şirketler özdeğersiz insanları alıp onları bağımlı yapınca, o zaman ömür boyunca müşteri kazanma şansı elde edebileceklerini biliyorlar. Bunları çocuklarımıza yapmalarına nasıl izin verebiliriz?

Üç yaşındaki bir kızın "Bu elbiseyi giymek istemiyorum; beni şişman gösteriyor" dediğini duydum. On yaşında kızlar diyet yapıyor. Okullarımızda anoreksi ve blumia kol geziyor. Çocuklarımıza ne yapıyoruz? Bir ebeveynseniz, reklamların onları nasıl kullandığını gösterin. Reklamı birlikte inceleyin. Reklamlarda neyin manipülatif olduğunu çocuklarınıza gösterin. Erkenden öğretin ve akıllı seçimlerle yaşamlarını yaşama gücünü verin, tepki göstermekten çok etkileyin.

Kaç kadının dergilerdeki son diyetleri ve aynı dergide şişmanlatan tatlı tariflerini takip ettiğini fark ettiniz mi? Bize ne tür mesajlar veriyorlar? Şişmanla, zayıfla, şişmanla, zayıfla. Bu kadar çok kadının yo-yo diyeti yapmalarına şaşmamalı. Her reklama ve gelen medya mesajına yetişebilmenin bir yolu yoktur. Bir dergide ya da televizyonda bir dahaki sefere reklam gördüğünüzde ona eleştirel gözle bakın. Reklamcıların size verdiği gerçek mesaj nedir? Kendinizi aşağılık hissettirmeye mi çalışıyor yoksa yeterince iyi hissettirmiyor mu? Yetişmenizin mümkün olmayacağı bir hayal mi sunuyor? Reklamlara gülebilirseniz onların etkisini kaldırırsınız. Sömürücü reklamlar kadınları kontrol etmenin ve bastırmanın başka bir yoludur. Güçlerimizi geri kazanabileceğimiz her şeyi yapmak istiyoruz.

Bir kampanya başlatmak istiyorum; bir dergide ya da televizyon reklamında kadınların zekâsını aşağılayan bir şey görünce, kendimize bakıp "Kalçalarım onunki gibi görünseydi" demek yerine, oturalım ve bu şirkete bir mektup gönderelim. Diyelim ki; "Ne cüretle beni sömürmeye kalkarsınız? Ürününüzü bir daha asla kullanmayacağım!" Kadınlar olumsuz, manipülatif reklamcılara mektup gönderirlerse ve kadınları reklamlarında destekleyen şirketlerden ürün alırlarsa, o zaman reklamlar değişmeye başlayacaktır.

Kendimize sadece "Ah, buna sahip olsam daha iyi olurdum" hissini hissettiren o kadar çok şey alıyoruz ki; ancak kendimizle ilgili olumsuz düşüncelerimiz yine de değişemiyor: "Yeterince iyi değiliz. Yeterince iyi değiliz." Olduğumuz hâlimizle KESİNLİKLE yeterince iyi olduğumuzu bilmemiz, *gerçekten bilmemiz* gerekiyor.

Bir grup arkadaşınızla bir araya gelin ve herhangi bir kadın dergisini inceleyin. Makaleleri ve reklamları inceleyin. Neye baktığınızın ve bilinçaltı mesajların farkında olun. Biz kadınların gözlerimizi açmamız lazım. Kulaklarımızı açmamız lazım. Bize gerçekten ne gösteriliyor? Gerçekten ne söyleniyor? Reklamcılar bizi nasıl kontrol etmeye çalışıyor?

Bu konuyu gerçekten biraz daha düşünelim.

ÜÇÜNCÜ BÖLÜM

ÜÇÜNCÜ BÖLÜM

Olumlu Düşünce ve İnançları Seçmek

Çoğunuzun bildiği gibi, düşündüğümüz düşüncelerin, konuştuğumuz kelimelerin ve inandığımız inançların bir gücü olduğuna inanıyorum. Bunlar deneyimlerimizi ve yaşamlarımızı şekillendirir. Sanki her konuştuğumuzda ya da her düşündüğümüzde Evren bizi dinliyor gibidir. Bu yüzden yaşamlarımızda hoşlanmadığımız bir şeyler varsa, o zaman onları değiştirme gücümüz de var. Düşünce ve kelimelerin gücüne sahibiz. Düşünce yapımızı ve kelimelerimizi değiştirince deneyimlerimiz de değişir. Nereden geldiğimizin, çocukluğumuzun ne kadar zor olduğunun bir önemi yok. Bugün olumlu değişiklikler yapabiliriz. Bu güçlü ve özgürleştirici bir kavramdır. Ve inandıkça, bizim için gerçek olacaktır. Bana göre, tüm konulara önce böyle yaklaşırız. Önce zihinlerimizde değişiklikler yaparız ve sonra buna göre hayat bize karşılık verir.

Yaptığımız her şey geçmişimizde yer alır. Şu anda yaşadığımız her şeyi geçmiş düşüncelerimiz ve inançlarımızla yaratıyoruz. Bu yüzden, yaşamlarımızda hoşlanmadığımız bir şeyler oluyorsa, gelecek için deneyimlerimizi yeniden yaratma seçeneğine sahibiz. Düşünce yapımızı değiştirmeye başladığımızda, olumlu sonuçların çoğunu hemen göremeyebiliriz ama yeni düşünce kalıplarımız üzerinde durdukça yarınlarımızın farklı olduğunu göreceğiz. Yarınlarımızın olumlu olmasını istiyorsak, bugün düşünce yapımızı değiştirmeliyiz. Bugünün düşünceleri yarının deneyimlerini yaratır.

Birçok insan bana "Etrafımda olumsuz insanlar varken nasıl olumlu olabilirim?" diye soruyor. Olumsuz şeyler söyleyen insanlarla birlikteyken, sessizce kendime "Senin için gerçek olabilir ama bu, benim gerçeğim değil" derim. Bazen bunu yüksek sesle bile söylerim. Kendi olumlu düşüncelerime sıkıca tutunduğum sürece etrafımdakilere olumsuz olma hakkı tanıyorum gözüküyor. Böyle insanları göz ardı etmek için elimden geleni yapıyorum. Kendinize neden *sürekli* olumsuz insanların etrafında olduğunuzu sorabilirsiniz. Unutmayın; kimseyi değiştiremeyiz. Sadece kendimizi değiştirebiliriz. İçten değiştiğimizde, o zaman insanlar bu değişime tepki vereceklerdir. Yapabileceğimiz en önemli şey düşünce kalıplarımızı değiştirmektir. Ne kadar meşgul olursak olalım ya da ne kadar sıkı çalışırsak çalışalım, yine de düşünüyoruz ve kimse düşüncelerimizi göremiyor.

Hepimizin lügatlerine nöropeptit kelimesini sokmasını diliyorum. Bu kelime beyin fonksiyonları üzerine yaptığı araştırmasında Candace Pert tarafından eklenmiştir ve bir şey düşündüğümüzde ya da bir kelimeyi dile getirdiğimizde bedenimizde dolaşan "kimyasal taşıyıcılar" demektir. Düşüncelerimiz öfkeyle dolu olduğunda, eleştirici ya da yargılayıcı olduğunda, bu kimyasallar bağışıklık sistemimizde çökme yaratır. Düşüncelerimiz sevgi dolu, güçlendirici ve olumlu olduğunda, bu taşıyıcılar bağışıklık sistemimizi güçlendirecek kimyasalları taşır. Bilim sonunda çoğumuzun yıllardır bildiği şeyi kabul ediyor, yani bedenle zihin arasında bir bağın olduğu konusunda hemfikir. Zihinle beden arasındaki iletişim asla durmaz. Zihniniz sürekli bedeninizdeki hücrelere düşüncelerinizi naklediyor.

Bu yüzden an be an, bilinçli ya da bilinçsiz, sağlıklı ya da sağlıksız düşünceleri seçiyoruz. Bu düşünceler bedenimizi etkiliyor. Bir düşüncenin tek başına üzerimizde pek etkisi yok. Yine de bir günde altmış binin üzerinde düşünce üretiyoruz ve düşüncelerimizin etkisi çoğalıyor. Zehirli düşünceler bedenlerimizi zehirliyor. Bilim olumsuz düşünceler üzerinde durmamamız gerektiğini doğruluyor. Bu bizi hasta ediyor ve öldürüyor.

Uzun bir süredir şu ifadeyi anlamamıştım: "Hepimiz biriz; hepimiz eşit olarak yaratıldık." Bu mantıklı gelmiyordu. Zengin ve fakirin, güzel ve çekici olmayanın, akıllı ve aptalın, her rengin, her ırkın, sınırsız dinin ve hayata sayısız bakış açısının olduğunu görebiliyordum. İnsanlar arasında o kadar fark vardı ki; hepimizin eşit yaratıldığı nasıl söylenebilirdi?

Sonunda anlayışım gelişti ve bunun ne demek olduğunu öğrendim. Bu yeni anlayış seviyesi konusunda yazar/eğitmen Caroline Myss'e güvenirim. Düşüncelerimizin ve konuştuklarımızın TÜM bedenimizi eşit derecede etkilediğini göreceksiniz. Nöropeptitler, yani her düşündüğümüzde ve konuştuğumuzda bedenlerimizde gezinen kimyasal taşıyıcılar, HEPİMİZİ AYNI ŞEKİLDE etkiler. Olumsuz bir düşünce Amerikalı bir bedene olduğu kadar Çinli bir bedene ya da İtalyan bir bedene de zehir etkisi yapar. Öfke, Hıristiyan, Yahudi ya da Müslüman bir kişi için de zehirleyicidir. Kadınlar, erkekler, homoseksüeller, heteroseksüeller, çocuklar, yaşlılar hepimiz düşüncelerimiz tarafından yaratılan nöropeptitlere AYNI ÖLÇÜDE tepki veririz.

Affedicilik ve sevgi hepimiz için iyileştiricidir. Hangi ülkede yaşarsak yaşayalım fark etmez. Bu gezegendeki tüm bireyler bedenlerini sürekli iyileştirmeden önce ruhlarını iyileştirmelidir. Buraya affetmeyi ve öz sevgiyi öğrenmeye geldik. Nerede yaşarsanız yaşayın kimse bu derslerden kaçamaz. Kendinizi haklı görerek ve kendinize acıyarak bu derslere karşı mı koyuyorsunuz? Kedinizi sevmeyi, yaşamın zenginlik ve tatmin dolu alanlarına geçmeyi istemez misiniz? Bunlar, yaşamın dersleridir ve hepimizi *aynı derecede* etkiler. Hepimiz BİRİZ. Hepimiz eşit olarak yaratıldık. SEVGİ HEPİMİZİ İYİLEŞTİRİR! (Daha derin ruhsal seviyede çalışmaya hazır olanlarınız için Ruhun Anatomisi: Gücün ve İyileşmenin Yedi Aşaması adlı kitabı, Dr. Caroline Myss'in kitabını okumanızı ısrarla tavsiye ederim. Onun bilgileri olağanüstüdür.)

Şu anda ne tür düşünceleriniz var? Şu anda bedeninizde ne tür nöropeptitler dolaşıyor? Düşünce yapınız sizi hasta mı ediyor? İyi mi hissettiriyor?

Çoğumuz kendi yarattığımız içerleme/gücenme hapishanelerimizde oturuyoruz. Suçlamanın suçlanandan çok suçlayana daha çok karmaşa yarattığını anlamıyoruz. Suçlayıcı düşünceler bedenleriniz de nöropeptitlerin zehir taşımasına neden oluyor.

Egomuzun bizi esir ve mutsuz tutmak istediğini anlayalım. Ego, içimizde "bir ısırık daha, bir içki daha, biraz daha tüttür, bir kez daha yap" diyen sestir. Ama bizler bedenlerimiz değiliz, bizler düşüncelerimiz değiliz, egomuz değiliz. Biz bedenlerin sahibiyiz. Düşünen düşünürleriz. Öz değerimiz ve özsaygımız güçlü olduğundan egomuzun sesine aldırmayız. Düşündüğümüzden çok daha fazlasıyız.

Şu anda ayağa kalkmanızı istiyorum. Bu kitabı da yanınıza alın ve bir ayna bulun. Gözlerinizin içine bakın ve kendinize yüksek sesle "Seni seviyorum ve şu anda yaşamımda olumlu değişimler yapmaya başlıyorum. Gün be gün yaşamımın kalitesini artırıyorum. Mutlu ve tatminkâr olmak benim için güvenli," bunu üç dört kez söyleyin. Her bitirdiğinizde nefes alın. Siz bu olumlu onaylamaları yaparken zihninizde hangi düşüncelerin döndüğünü fark edin. Bu eski çenebaza "Paylaştığın için teşekkür ederim" deyin. Olumsuz düşünceleri onlara güç vermeden kabul edin. Şu andan itibaren her ayna gördüğünüzde gözlerinizin içine bakın ve kendinize olumlu bir şey söyleyin. Aceleniz varsa sadece "seni seviyorum" deyin. Bu basit egzersiz yaşamınızda büyük sonuçlar yaratacaktır. Bana inanmıyorsanız, sadece deneyin.

Yanıtlar İçimizdedir

Düşüncelerimizi ve söylediklerimizi hep zihnimizde tuttuğumuzu ve bunların deneyimlerimiz olduğunu anlayın. Bu nedenle, düşüncelerimiz ve konuşmalarımıza dikkat edeceğiz. Böylelikle hayallerimize uygun şekilde yaşamlarımızı şekillendirebiliriz. "Ah, keşke olabilseydim, olsaydım ya da olabilirdim, olurdum..." diyebiliriz. Ama böylesi ifadeler gerçek olamaz. Aksine, en kötüsünü imgeleriz. Bildiğimiz her olumsuz düşünceyi düşünüyoruz ve sonra da yaşamlarımızın neden istediğimiz gibi olmadığını merak ediyoruz.

İçsel Kaynaklarımızı ve Evrensel Bağı, tüm yaşamın Büyük Merkezi Kaynağını bulmak istiyoruz. Özümüzü bulmak ve kullanmak istiyoruz. İçimizde bilgelik, huzur, sevgi ve sevincin hazinesine hepimiz sahibiz. Ve bunların hepsi bir nefes uzağımızda. Her birimizin içinde sonsuz huzurun, sevincin, sevginin ve bilginin kaynağı olduğuna inanıyorum. Bunun sadece bir nefes uzaklıkta olduğunu söylediğimde demek istediğim şey şu; bu yerlere gözlerimizi kapatıp, derin nefes alıp ve kendimize "Şimdi içimdeki bu yerlere gidiyorum, burada sonsuz bilgelik var; aradığım yanıtlar içimde" diyerek gidelim.

Soracağımız tüm soruların yanıtları zaten içimizdedir. Sadece bunlara bağlanmak için zamana ihtiyacımız var. Bu da meditasyonun önemini ve değerini ortaya çıkarır. Meditasyon bizi sakinleştirir. Böylelikle kendi içsel bilgeliğimizi duyabiliriz. İçsel bilgeliğimiz hayatla en iyi, en doğrudan bağımızdır. İçsel bilgeliğin armağanlarını kovalamamıza gerek yok. Onların bize gelmesi için fırsat yaratmamız gerek. Peki, bunu nasıl yaparız? Sessizce oturabilir, içimize dönebiliriz ve bir dağdaki kaynak suyu kadar derin ve berrak huzuru bulabiliriz. Meditasyonla sevinç bulabiliriz. Sonsuz sevgi kuyusuyla bağlantı kurabiliriz. Hepsi içimizdedir ve kimse bu hazineleri bizden alamaz.

İçimizdeki yeni derinlikleri keşfetmemiz ve yaşamlarımızı nasıl yaşamak istiyorsak ona göre yeni kararlar almamız gerekiyor. Biz kadınlar olarak sınırlı seçenekleri kabul etmeye programlanmışız. Çoğu evli kadın son derece yalnız, çünkü seçim haklarını kaybettiklerini hissediyorlar. Güçlerinden vazgeçmişler. Onlar bir zamanlar benim yaptığımı yapıyorlar; yanıtlar için bir erkeğe bakıyorlar; kendi içlerine dönmüyorlar. Yaşamlarımızda değişim yapmak için, zihinlerimizde bu yeni seçenekleri seçmemiz gerekiyor. Kendi düşünce yapımızı değiştirdikten sonra dış dünya buna göre karşılık verir.

Bu yüzden içinize dönmenizi ve düşünce biçiminizi değiştirmenizi istiyorum. İçinizdeki hazinelerle bağlantıya geçin ve onları kullanın. İçimizdeki hazinelerle bağlantıya geçtiğimizde, içimizdeki harika varlığı yaşama döndürmüş oluruz. Hazinelerinizle her gün temasa geçin.

İçsel bilgeliğimizi dinlemek için kendimize zaman ayırmak önemlidir. Kimse her gün meditasyon yapmadan içindeki zenginliğe ulaşamaz. Sessizlik içinde oturmak yapabileceğimiz en değerli şeylerden biridir. Dışarıdaki kimse yaşamınızla ilgili daha fazla şey ya da bizim için en iyisinin ne olduğunu, içimizde ne olduğunu bilemez. Kendi iç sesinizi dinleyin. Sizin için en iyi olası yolla sizi daima yaşama sevk edecektir!

Zengin içsel bir ortam yaratalım. Düşünceleriniz en iyi arkadaşlarınız olsun. İnsanların çoğu aynı şeyleri tekrar tekrar düşünürler. Unutmayın; günde altmış bin düşünce üretiyoruz ve çoğu da dün ve ondan önceki gün düşündüğümüz şeylerle aynı. Düşünce yapımız yeni bir yaşamın temelini atabilir ya da olumsuzlukları yaratabilir. Yaratıcı şeyler düşünün. Eski şeyleri yapmak için yeni yollar düşünün.

Bilincimiz bir bahçe gibi. Bu bahçe ister evimizde olsun, ister zihinlerimizde olsun, en önemli ilk adım iyi bir toprak oluşturmaktır. Tüm otları, taşları, molozu atarak başlayın. Toprağı ıslah eder, gübre eker ve iyice karıştırırsınız. Böylece ektiğiniz ürün çabucak ve güzel bir şekilde büyür. Zihinlerimiz için de aynısı geçerlidir. Onaylamalarınızın çabucak ürün vermesini istiyorsanız, bulabileceğiniz her olumsuz düşünce ve inancı yok ederek başlayın. Sonra da iyi birkaç inanç, gerçekten iyi ve olumlu düşünceler ekin. Hayattan ne istiyorsanız onu olumlayın. Sizi hiçbir şey durdurmayacaktır. Düşünce bahçeniz bollukla gelişecektir.

Korkuyu Aşmak

Kadınların bakıcı ve hizmetçi olmak, başkalarının ihtiyaçlarına önem vermek için yetiştirildiklerinden, çoğumuzun yeterince özgüveni ve öz saygısı yok. Büyük bir terk edilme korkumuz var. Kaybetmekten, kendi başımıza olmaktan ve güvenlikten yoksun olmaktan korkuyoruz. Kendi başımızın çaresine bakmaya inanmak için yetiştirilmedik. Sadece başkalarının bakımını sağlamak öğretildi. Kadınlar boşandığında korkuya kapılıyorlar. Küçük çocukları varsa durum daha da kötü oluyor. Kendilerine tekrar tekrar "Kendi başıma nasıl devam edeceğim?" diye soruyorlar.

Kendi başlarına ölmekten bu kadar çok korktukları için kötü işlerine ve evliliklerine devam ediyorlar. Çoğu kadın yeterince iyi olduğuna inanmıyor. Kendi başlarının çaresine bakacaklarına inanmıyorlar. Oysa pekâlâ bakabilirler.

Çoğu kadın için başarılı olma korkusu var. Kendilerini iyi hissetme ya da zengin olmayı hak etmediklerini düşünüyorlar. Kendinizi ikinci plana atarsanız, hak ettiğinizi hissetmesi zordur. Çoğu kadın babalarından daha başarılı olmaktan ya da daha fazla para kazanmaktan korkuyor.

Bu yüzden terk edilme ya da başarı korkusunun üstesinden nasıl geliriz? Madalyonun iki yüzü gibi. Yaşamın akışına güvenmeyi öğrenin. Yaşam bizi desteklemek, bize liderlik etmek ve izin verirsek bize rehberlik etmek için var. Suçluluk ve manipülasyon duygusuyla yetiştirilmişsek, o zaman nasıl rahatlayacağımızı ve yaşamın bizle nasıl ilgileneceğini bilemeyiz. Gazeteler okuyoruz ve televizyonda suç görüyoruz. Dünyanın bizi yutacağına inanıyoruz. Ama hepimiz kendi bilinç yasamıza göre yaşıyoruz. Yani; inandığımız şey gerçeğimiz olur. Başkasının gerçeği bizim gerçeğimiz olmak zorunda değil. Toplumun olumsuz inançlarını kabul edersek o zaman bu beklentiler bizim için gerçek olacaktır ve bir sürü olumsuz deneyimimiz olacaktır.

Yine de kendimizi sevmeyi öğrenirken, düşünce yapılarımız değişirken, kendi özdeğerimizi ve öz saygımızı geliştirirken o zaman yaşamın tüm iyiliklerinin bize akmasına izin veririz. Kulağa basit geliyor ve basit de. Aynı zamanda gerçek. Ra hatladığımızda ve inanmaya başladığımızda: "Hayat benimle ilgileniyor ve güvendeyim" deriz ve o zaman yaşamla birlikte akmaya başlarız. Yaşamınızda eş zamanlı olan şeylere dikkat edin, yeşil ışığı ya da harika bir park alanını yakaladığınızda, tam olarak ihtiyaç duyduğunuz bir şeyler karşınıza çıktığında, istediğiniz bir bilgiyi duyduğunuzda "TEŞEKKÜR EDERİM!"

deyin. Evren minnettar insanları sever. Yaşama ne kadar teşekkür ederseniz, yaşam da size o kadar teşekkür edilecek şey sunar.

Tanrısal olarak korunduğuma, yaşamıma sadece iyinin girebileceğine ve güvende olduğuma gerçekten inanıyorum. Yeterince iyi olduğumu ve tümüyle iyiyi hak ettiğimi biliyorum. Buraya gelmek için çok çalışmam gerekti ve belli bir zamanı aldı. Serbest bırakacağım kamyon dolusu olumsuzluk vardı. Acı dolu, korkak, zavallı ve olumsuz bir kadından, yaşamın bolluğunu paylaşacak kendine güvenen bir kadına dönüştüm. Ben yapabiliyorsam siz de yapabilirsiniz. Öyleyse düşünce yapınızı değiştirmeyi isteyin.

Yanımızda iki koruyucu meleğin olduğunu bilsek keşke. Bu melekler bize yardım etmek ve yol göstermek için yaşamımızda. Ama yardım etmelerini istememiz gerekli. Bizi çok seviyorlar ve çağrımızı bekliyorlar. Meleklerinizle bağlantıya geçmeyi öğrenin. Bir daha asla kendinizi yalnız hissetmezsiniz. Bazı kadınlar meleklerini görebiliyor, bazıları onları hissedebiliyor, bazıları seslerini duyabiliyor, bazıları isimlerini sezebiliyor. Ben iki meleğime "Çocuklar" diye sesleniyorum. Onların çift olduğunu hissediyorum. Nasıl baş edeceğimi bilmediğim bir durum olduğunda onlara dönüyor ve "Bununla siz uğraşın, Çocuklar. Ben ne yapacağımı bilmiyorum" diyorum. İyi bir şeyler olduğunda hemen "Teşekkürler, Çocuklar harika oldu. Bu kez gerçekten iyi bir iş yaptınız. Gerçekten takdir ediyorum" diyorum. Melekler de teşekkürü ve takdiri seviyor. Onlardan yararlanın; bu yüzden sizinleler. Melekler yararlı olmayı seviyor!

Kişisel meleklerinizle bağlantıya geçmek istiyorsanız, sessizce oturun, gözlerinizi kapayın, bir kez derin nefes alın ve her iki yanınızda, omuzlarınızın arkasında varlıklarını hissetmeye çalışın. Sevgilerini ve sıcaklıklarını hissedin. Onların kendilerini göstermesini isteyin. Onların korumalarını deneyimleyin. Bazı sorunlarda ya da sorularınızda onlardan yardım isteyin. Anında bağlantı kurabilirsiniz ya da pratiğe ihtiyacınız olabilir. Ama sizi temin ederim onlar yanınızda ve sizi seviyorlar. Korkacak hiçbir şey yok.

İnançlarımızı Tanımak

Şimdi olumsuz inançlarımızı nasıl değiştirebileceğimize ya da onları nasıl bırakabileceğimize bakalım. Önce olumsuz inancımızı tanımlamalıyız. Çoğumuzun gerçekten neye inandığımız konusunda en ufak düşüncesi yok. Olumsuz inancımızı tanımladıktan sonra bu inancın koşullarımızı oluşturmasına devam etmesine izin verip vermeyeceğimize karar verebiliriz.

İnançlarınızı keşfetmenin en hızlı yolu liste yapmaktır. Birkaç büyük sayfayla başlayın. Her sayfanın üstüne "İNANDIĞIM ŞEYLER" yazın: (erkekler, iş, para, evlilik, sevgi, sağlık, yaşlılık, ölüm vs.) yaşamınızda anlamı olan herhangi bir konuya saygıyla yaklaşın. Her konu için ayrı bir kâğıt kullanın. Sonra da cümleleri yazdığınızda aklınıza gelen düşüncelerin listesini yapın. Bu egzersizi iki dakikaya sığdırmayın. Bu zaman alır. Üzerinde her gün birkaç dakika çalışabilirsiniz. Ne kadar salakça görünse de aklınıza gelen her düşünceyi yazın. Sadece not edin. Bu inançlar yaşamınızı onlarla yaşadığınız içsel bilinçaltı kurallarıdır. Olumsuz inançlarınızı tanımlayana kadar yaşamınızda olumlu değişiklikler yapamazsınız. Kendi farkındalığınızı bulduğunuzda kendinizi yeniden yaratabilir ve olmak istediğiniz insan olabilirsiniz. Ve hayalini kurduğunuz yaşamı yaşayabilirsiniz.

Listeler aşağı yukarı tamamlandığında onları tekrar okuyun. Sizi besleyen ve destekleyen her inancınızı yıldızla işaretleyin. Bunlar tutmak ya da güçlendirmek istediğiniz inançlardır. Olumsuz ve hedefleriniz açısından zararlı olan her inancı kontrol etmek için farklı renkte bir kalem kullanın. Bunlar da sizi olabileceğiniz her şeyden geri tutan inançlardır. Bunlar silmek ve yeniden programlamak istediğiniz inançlardır.

Her olumsuz inancınıza bakın ve kendinize sorun: "Bu inanç yaşamımı yönetmeye devam etsin mi? Bu inancı bırakmaya istekli miyim?" Her olumsuz onaylamayı (tüm inançlar onaylama/olumlamadır) alın ve onları yaşamınız için olumluya çevirin. Mesela; "Erkeklerle olan ilişkilerim felakettir" inancını "Erkekler beni sever ve bana saygı duyar" inancına çevirin. "Ben hiçbir şeye değmem" inancını "Ben güvenli, başarılı bir kadınım" inancına çevirebilirsiniz. "İyi bir iş nasıl bulunur bilmiyorum" inancını "Yaşam bana mükemmel bir iş sunuyor" inancına dönüştürebilirsiniz. "Bir hastalıktan diğerine yakalanıyorum" inancını "Ben güçlü, büyük ve sağlıklı bir kadınım" inancına dönüştürün. Bu örnekleri kendi hayatımdan verdim. Siz de olumsuz inançlarınızı tek tek alıp onları yeni kişisel bir yasaya dönüştürebilirsiniz. Yaşamınızda sahip olmayı istediğiniz kılavuzları yaratın. Her olumsuzu olumluya çevirin. Her gün olumlu cümlelerinizi yüksek sesle kendinize okuyun. Bunları ayna önünde okuyun, daha çabuk gerçekleşir. Aynalar olumlamalarınızı ilan etmek açısından sihirlidir.

Olumlamalar: Yaşamınızda Yeni Bir Yön Belirleyin

Olumlamalarınızı şimdiki zamanda kurmalısınız. "Olurum" diyeceğinize "Oluyorum" deyin. "Sahip olacağım" ya da "Olmak istiyorum" yerine "sahibim" deyin. Olumlamaları gelecek zamanda ifade ettiğinizde sonuç daima "gelecekte" olacaktır.

Kendimiz üzerinde çalışmak için yoğun programlarımızda pek zaman ayırmayız. İçsel çalışmanın üzerinde zaman yaratmanın iyi bir yolu, bir arkadaşla ya da birkaç arkadaşla bir araya gelerek küçük bir çalışma grubu oluşturmaktır. Haftada bir gün bir öğleden sonra ya da akşam bu amaca ayrılabilir. Listenizi birlikte yapın. Onaylamalarda birbirinize yardım edin. Belki kitabın geri kalanı üzerinde fikir alışverişi yapabilirsiniz. Düşüncelerinizi keşfettiğiniz birkaç haftada mucizeler gerçekleştirebilirsiniz. Birbirinizden öğreneceksiniz. Kolektif enerji çok güçlüdür. Tüm ihtiyacınız olan bir defter, bir ayna, büyük bir kutu kağıt mendil ve sevgi dolu açık bir yürektir. Grubun büyüklüğünün bir önemi yok, her biriniz de birbirinizin daha farkında olacaksınız ve yaşam kalitenizi geliştireceksiniz.

Kendinize birkaç soru sorun. Dürüstçe yanıt verdiğinizde yanıtlarınız yaşamınıza yeni bir yön verebilir:

♦ Hayatımı en iyi hâle getirmek için nasıl zaman ayırabilirim?

♦ Bir eşten istediğim şeyler neler?

♦ Bir eşte ihtiyaç duyduğuma inandığım şeyler neler?

♦ Bu alanlarda tatmin olmak için ne yapabilirim? (Bir eşin sizin için her şeyi yapmasını beklemeyin. Bu onun için korkunç bir yük olacaktır.)

♦ Beni ne tatmin ederdi? Ve bu şeyi nasıl elde edebilirim?

♦ Beni kimse bastırmıyorsa, bahanem ne olabilir?

♦ Yaşamımda bir daha eşim olmazsa bu eksiklikten dolayı kendimi kahreder miyim? Yoksa harika bir yaşam yaratırmıyım ve diğer kadınlar için bir fener kulesi mi olurum? Bir yol gösterici (yolu gösteren kişi)!

♦ Neyi öğrenmeye geldim hayata? Neyi öğretmeye geldim?

♦ Yaşamla nasıl işbirliği yapabilirim?

Hepimizin yaşam felsefemizi geliştirme zamanı. Kendi kişisel yasalarımızı, onlarla yaşayabileceğimiz, bizi besleyecek ve destekleyecek inançları, ifadeleri yaratma zamanı. İşte, kendim için zamanla geliştirdiğim yasalar:

♦ Daima güvendeyim ve Tanrısal olarak korunuyorum.
♦ Bilmem gereken her şey karşıma çıkıyor.
♦ İhtiyacım olan her şey bana mükemmel zamanda, yerde ve sıralamada geliyor.
♦ Yaşam sevinçtir ve sevgiyle doludur.

♦ Seviyor ve seviliyorum.
♦ Son derece sağlıklıyım.
♦ Nereye dönersem zenginleşiyorum.
♦ Değişmeye ve gelişmeye istekliyim.
♦ Dünyamda her şey iyi.

Bu cümleleri sık sık tekrarlıyorum. Güne bunlarla başlıyor ve günü bunlarla sonlandırıyorum. Yaşamımda bazı şeyler yanlış giderken bunları tekrar tekrar söylüyorum. Mesela, hafif hasta hissediyorsam kendimi iyi hissedene kadar "Son derece sağlıklıyım" diye tekrarlıyorum. Karanlık bir alanda yürüyorsam sık sık "Daima güvendeyim ve Tanrısal koruma altındayım" diye tekrar yapıyorum. Bu düşünceler benim o kadar çok parçam oldu ki onlara anında başvurabiliyorum. Yaşam felsefenizi bugün yansıtabilecek bir liste yapmanızı öneririm. Bunu her zaman değiştirebilir ve buna bir şeyler ekleyebilirsiniz. Yeni kişisel yasalarınızı şu anda yaratın. Kendiniz için güvenli bir Evren yaratın. Bedeninize ya da çevrenize zarar verebilecek tek güç kendi düşünce ve inançlarınızdır. Bu düşünce ve inançlar değiştirilebilir.

Yaşamdaki her insan gibi benim de sorunlarım ve krizlerim var. Onlarla baş etme yolunu öğrendim. Bir sorun ortaya çıktığında hemen:

"Her şey iyi. Her şey benim en yüksek yararım için çalışıyor.
Bu durum dışında sadece iyi olan bana geliyor.
Güvendeyim."

YA DA:

"Her şey, ilgili olan herkesin en yüksek yararına çalışıyor.
Bu deneyimin dışında sadece iyi olan geliyor.
Biz güvendeyiz."

Bu cümleleri ve benzerlerini tekrar tekrar söylüyorum, belki yirmi dakika ya da daha fazla. Kısa bir süre içinde ya zihnim berraklaşacak ve durumu farklı bir şekilde göreceğim ya da bir çözümüm olacak veya telefonum çalacak ve bir şey değişecek. Bazen bir durumun paniğini attığınızda değişimin aslında planlanandan daha iyi olduğunu fark edebilirsiniz. Deneyimlerimizi kontrol etmeye çalışma biçimi bazen bizim için en iyisi değildir.

Şu anda bu tavrı ve onaylamayı kullanmak benim için her zaman işe yarar. Sorunu parçalara ayırırım ve kendimle, yaşamımla ilgili gerçeği onaylarım. "Endişeli zihnimi" yolumdan çekerim, böylelikle Evren çözüm bulabilir. Bunu sıkışık trafikte, havaalanlarında, ilişkilerde, sağlık sorunlarında ve iş konularında kullanırım. Planlardaki her türlü değişimle savaşmaktan çok yaşamla akmayı öğrenmek gerek. Sorunlara karşı "yeni" tepkiniz bu olsun, böylece onların yok oluşunu görebilirsiniz.

Öğrenmek ve büyümek ruhumuzun evriminin parçasıdır. Yeni bir şey öğrendiğimiz zaman, yaşamla ilgili anlayışımızı derinleştiririz. Hayatta henüz öğrenmediğimiz çok şey var. Beynimizin yüzde doksanı hâlâ keşfedilmeyi ve kullanılmayı bekliyor. Bunun hayatta olmak için en heyecan verici zaman olduğuna inanıyorum. Burada olmayı ve tüm bunları yaşama ayrıcalığına uyandığım her sabah yaşama teşekkür ediyorum. Teşekkür etmek, iyi bir gece uykusu için yatağıma teşekkür ederek kalkmak beş ya da on dakikamı alıyor. Bedenime, evime, hayvanlarıma, arkadaşlarıma, sahip olduğum eşyalara ve gün boyunca yaşayacağım tüm harika deneyimler için minnettarlığımı sunuyorum. Anlayışımı artırmak için bana daha fazla kavrayış vermesini dileyerek günü bitiriyorum, böylece sürekli resmin daha büyük hâlini görüyorum. Daha fazla görüp bildiğimizde yaşam daha basit hâle geliyor. Geleceğimin iyi olacağına güveniyorum.

Unutmayın: Onaylamalar yeni yaşam biçimlerini kabul etmek için zihninizi bilinçli olarak yeniden programlayan olumlu cümlelerdir. Sizi bir kadın olarak güçlendirecek onaylamaları seçin. Her gün en azından bunlardan birkaçını onaylayın:

Kadınlar İçin Onaylamalar

Şu anda dişi gücüme sahip çıkıyorum.
Harika olduğumu keşfediyorum.
Kendi içimde harika bir varlık görüyorum.
Akıllı ve güzelim.
İçimde gördüğüm şeyi seviyorum.
Kendimi sevmeyi ve bundan haz duymayı seçiyorum.
Ben kendime özgü bir kadınım.
Yaşamın kontrolü bende.
Kapasitemi artırıyorum.
İstediğim gibi olmakta özgürüm.
Harika bir yaşamım var.
Hayatım sevgiyle dolu.
Yaşamımdaki sevgi benimle başlıyor.
Yaşamım üzerinde hâkimiyetim var.
Ben güçlü bir kadınım.
Sevgiye ve saygıya değerim.

Kimseye mecbur değilim; özgürüm.
Yeni yaşam yollarını öğrenmeye istekliyim.
Kendi ayaklarımın üzerinde duruyorum.
Kendi gücümü kabul ediyor ve kullanıyorum.
Bekâr olduğum için huzurluyum.
Neredeysem bundan sevinç duyuyor ve zevk alıyorum.
Kendimi seviyor ve bundan haz duyuyorum.
Yaşamımdaki kadınlardan hoşlanıyor,
onları seviyor ve destekliyorum.
Yaşamımdan derin bir şekilde tatminim.
Sevginin birçok yolunu keşfediyorum.
Kadın olmayı seviyorum.
Bu noktada, zaman ve mekanda canlı olmayı seviyorum.
Hayatımı sevgiyle dolduruyorum.
Hayatımı tek başına bir hediye olarak kabul ediyorum.
Kesinlikle tam ve bütünüm.
İhtiyacım olanı kendime veriyorum.
Büyümek benim için güvenli.
Güvendeyim ve dünyamdaki her şey iyi.

İyileştirici Meditasyon

Kendi harikalığımı görmeye istekliyim. Şu anda zihnimden ve hayatımdan her olumsuz, yıkıcı, korku dolu düşünceleri ve olmam gereken harika kadın olmaktan beni alıkoyan fikri çıkarmayı seçiyorum. Şu anda kendi ayaklarımın üzerinde duruyorum, kendimi destekliyorum ve kendimi düşünüyorum. İhtiyacım olanı kendime veriyorum. Büyümek benim için güvenli. Kendimi ne kadar tatmin edersem, insanlar da beni o kadar seviyor. Diğer kadınları iyileştirerek kadın gruplarına katılıyorum. Bu gezegende mutlu bir insanım. Geleceğim parlak ve güzel.

Unutmayın: Düşüncenizde en küçük olumlu düşünce en büyük sorunu çözmeye başlayabilir. Yaşamla ilgili doğru sorular sorduğunuzda, yaşam yanıt verecektir.

Değişimleri yapmanın birçok yolu vardır. Kusurlarımıza dürüst bir şekilde de bakabiliriz; SORUNUMUZ nedir diye bakmamalıyız. Ama olabileceğimiz şeylerden bizi alıkoyan şeyi, yarattığımız engelleri görürüz. Kendimizi hırpalamadan, bu engelleri eliyoruz ve değişim yapıyoruz. Evet, bu engeller çocuklukta öğrendiğimiz şeylerdir. Bunların hiçbiri bizim için asla doğru olmadı. Sadece başkasının inanç sistemini kabul ettik. Bu düşünceleri öğrenmişsek, onları bırakmayı da öğrenebiliriz.

Kendimizi sevmeyi öğrenmeye istekli olduğumuzu kabul edelim. Ve birkaç kural edinelim:

1. TÜM ELEŞTİRİLERİ BİTİRİN

Bu faydasız bir eylemdir; hiçbir şeyi olumluya çevirmez. Kendinizi eleştirmeyin, çünkü bunlar kendimizde hoşlanmadığımız şeyleri yansıtan başkalarında bulduğumuz şeylerdir. Bir başkası hakkında olumsuz şekilde düşünmek kendi yaşamımızdaki sınırların en büyük nedenlerinden biridir. Sadece kendimizi yargılarız, yaşamı ve Tanrı'yı, Evreni değil.

Kendimi seviyor ve onaylıyorum.

2. KENDİNİZİ KORKUTMAYIN.

Hepimiz bunu durdurmayı istiyoruz. Çok sık kendi düşüncelerimizle kendimizi korkuturuz. Bir seferde tek bir düşünce düşünebiliriz. Olumlu onaylamalar şeklinde düşünmeyi öğrenelim. Bu şekilde düşünme biçimimiz hayatlarımızı daha iyi yönde değiştirecektir. Kendinizi korkuttuğunuzu fark ettiğiniz an hemen şunları söyleyin:

Kendimi korkutma ihtiyacından vazgeçiyorum. Ben Tanrısal olanım, yaşamın harika bir ifadesiyim ve şu andan itibaren anı tam olarak yaşıyorum.

3. KENDİNİZLE OLAN İLİŞKİNİZE SADIK OLUN.

Başka ilişkiler söz konusu olunca sadık olabiliyoruz ama kendimize gelince aynı şekilde davranmıyoruz. Kendimize ara sıra zaman ayırıyoruz. Kim olduğunuzu gerçekten önemseyin. Kalbinize ve ruhunuza iyi bakın.

Kendimi seviyorum.

4. KENDİNİZE SEVİLİYOR MUAMELESİ YAPIN

Kendinize saygı duyun ve sevgiyle davranın. Kendinizi sevdiğinizde, başkalarından gelecek olan sevgiye daha açık olursunuz. Sevgi Yasası *gerçekten* istediğiniz şey üzerinde dikkatinizi yoğunlaştırmanızı gerektirir, *istemediğiniz* şey üzerinde değil. *Kendinizi* sevmeye odaklanın.

Şu anda kendimi gerçekten seviyorum.

5. BEDENİNİZE ÖZEN GÖSTERİN.

Bedeniniz değerli bir tapınaktır. Uzun, tatmin edici bir yaşam yaşayacaksanız, o zaman kendinize şimdi bakmak istersiniz. İyi görünmek isterseniz ve hepsinden de önemlisi bol enerjiyle kendinizi iyi hissederseniz. Beslenme ve egzersiz önemlidir. Bedeninizin esnek olmasını ve gezegendeki son gününüze kadar kolayca hareket etmesini istersiniz.

Ben sağlıklı, mutlu ve bütünüm.

6. KENDİNİZİ EĞİTİN

Onu bunu ve ne yapacağımızı bilmediğimizden çok sık yakınırız. Ama biz zeki ve akıllıyız ve öğrenebiliriz. Her yerde kitap, ders ve kasetler var. Para meselesiyse o zaman kütüphaneyi kullanabiliriz. Kişisel gelişim grubu bulabiliriz. Telefon rehberinin sarı sayfalarındaki Kamu Hizmetleri kısmında liste var. Hayatımın son gününe kadar öğrenmem gerektiğini biliyorum.

Daima öğreniyor ve gelişiyorum.

7. KENDİNİZE MALİ GÜVENCELİ BİR GELECEK YARATIN

Her kadının kendi parasına sahip olma hakkı vardır. Bu kabul etmemiz gereken önemli bir inançtır. Bu özdeğerimizin bir parçasıdır. Her zaman küçük bir seviyeden başlayabiliriz. Önemli olan tutumlu olmaktır. Onaylamalar burada işe yarar.

Gelirimi sürekli artırıyorum. Nereye dönersem zenginleşiyorum.

8. YARATICI YÖNÜNÜZÜ TATMİN EDİN

Yaratıcılık sizi tatmin eden herhangi bir şey olabilir. Bir turta pişirmekten bir bina tasarlamaya kadar herhangi bir şey olabilir. Kendinizi ifade edebileceğiniz zaman ayırın. Çocuklarınız var ve zamanınız azsa çocuklarınıza bakacak bir arkadaş bulun. Kendinize zaman ayırmayı hak ediyorsunuz. Siz buna değersiniz. Onaylayın:

Yaratıcı olmak için her zaman, zaman buluyorum.

9. SEVİNCİ VE MUTLULUĞU DÜNYANIZIN MERKEZİ YAPIN.

Sevinç ve mutluluk her zaman içinizdedir. İçinizdeki bu yerle bağlantılı olduğunuzdan emin olun. Yaşamınızı bu sevincin etrafında oluşturun. Mutlu olduğumuzda, yaratıcı olabiliriz, küçük şeyleri dert etmeyiz ve yeni fikirlere açık oluruz. Kullanılacak iyi bir onaylama genellikle:

Sevinçle doluyum ve mutluluğu ifade ediyorum.

10. GÜVENİLİR OLUN VE SÖZÜNÜZÜ TUTUN.

Kendinize saygı duymak ve kendinizi onurlandırmak için güvenilir olmanız gerek. Sözünüzü tutmayı öğrenin. Kendinize tutamayacağınız bir söz vermeyin. Tutacağınızı bilene kadar ertesi gün diyete başlayacağınız ya da her gün egzersiz yapacağınız sözünü vermeyin. Kendinize güvenmeniz gerek.

11. YAŞAMLA ARANIZDA GÜÇLÜ RUHSAL BİR BAĞ KURUN

Bu bağın hangi dinle yetiştirildiğimizle alakası yok. Çocukken, seçeneğimiz yoktu. Şimdiyse yetişkin olarak kendi ruhsal yolumuzu ve inançlarımızı seçebiliriz. Tek başına olmak kişinin yaşamındaki özel zamanlardan biridir. İçsel benliğinizle olan ilişkiniz en önemlisidir. Kendinize zaman ayırın ve sessiz bir yerde içsel rehberinizle bağlantıya geçin.

Ruhsal inançlarım beni destekliyor ve olabileceğim herhangi bir şeyde bana yardım ediyor.

Bu düşünceleri alıp onaylayalım, bilincimizde sağlamlaşsınlar ve yaşamlarımızın bir parçası olsunlar!

DÖRDÜNCÜ BÖLÜM

DÖRDÜNCÜ BÖLÜM

Kendinizle... Olan İlişkiniz

Kitabın bu bölümünde, şu anda ilişkilerinizde nasıl daha tatminkar olabileceğiniz ya da mükemmel bir eşi nasıl bulabileceğiniz (ki bu konular hakkında düzinelerce kitap yazılmış durumda zaten) üzerine odaklanmaktan çok, ben yaşamdaki en önemli ilişkiye yani *kendinizle* olan ilişkinize odaklanmak istiyorum.

Birçok kadın şu soruya takılıp kalıyor: "Eşsiz kendimi nasıl tatmin edebilirim?" bu çoğu kadın için korkutucu bir kavramdır. Korkularımızı kabul etmemiz ve onları aşmamız gerek. Korkularınızın listesini yapın (KORKTUĞUM ŞEY...), onlara yakından bakın ve sonra onları çözmeye başlayın. Onlarla kavga etmenize gerek yok, bu korkularınıza çok daha fazla güç verir. Her korkunuza baktığınızda meditasyon yapın ve sonra da bir suya bırakın ki kelime tam anlamıyla çözülsün ve suyun akışında yok olsun. Sonra, korkularınızın her birini olumlu onaylamalara çevirin. "Beni kimsenin sevmeyeceğinden korkuyorum" yerine "Ben bir bireyim, kendimi derinden ve gerçekten seviyorum" olabilir. İstediğimiz sevgiyi biz kendimize veremiyorsak, o zaman dış dünyada bunu asla bulamayız. Şu anda yaşamınızda olmayan bir şeyi özleyerek zamanınızı ziyan etmeyin. *Kendinize* nazik olmaya başlayın ve kendinizi sevin. Kalbinizin ve bedeninizin sevginin nasıl *hissettirdiğini* deneyimlemesine izin verin. Bir sevgilinin size davranmasını istediğiniz şekilde kendinize davranın.

Neredeyse her kadın yaşamının bir noktasında tek yaşar; genç bir bekar olsun, boşanmış bir kadın olsun ya da bir dul olsun. Sanırım TÜM kadınlar, şu anda harika bir ilişkileri olanların bile kendilerine şu soruyu sormaları lazım: "Kendi başıma yaşamaya hazır mıyım?" Bize bakmaları için tamamen başkalarına güvenmek, kendi içsel kaynaklarımızla bağlantılı olmak değildir. Bir ilişkimiz olduğunda bile, hepimizin tek başına zaman geçirmeye ihtiyacı var; kim olduğumuzu bulmayı, hedeflerimizi ve kendimiz için yapmayı istediğimiz değişiklikleri düşünmeliyiz. Tek başımıza geçirdiğimiz zaman başkalarıyla geçirdiğimiz zaman kadar tatmin edici olabilir, özellikle düşüncelerimizi en iyi arkadaşlarımız yaparsak.

Bugün evli olmayan bir kadının önünde tüm dünya durur.

Kapasitesi ve kendine olan inancı kadar yükselebilir. Seyahat edebilir, mesleğini seçebilir, iyi para kazanabilir, çok arkadaşı olabilir ve özgüvenini harika bir şekilde geliştirebilirler. Eğer isterse cinsel partnerleri ve sevgi dolu ilişkileri olabilir. Bugün, bir kadın kocasız bir bebek sahibi olmayı seçebilir ve toplum tarafından kabul görebilir, tıpkı ünlü aktrisler ve halka mâl olmuş diğer kişiler gibi. Bugünün kadınları kendi yaşam stillerini yaratabilir.

Dünya çapındaki çoğu kadın için, bir erkekle uzun süreli bir ilişki asla söz konusu olmayabilir. Yaşamlarının sonuna kadar bekar kalabilirler. Şu anda, Amerika'da yaklaşık 122 milyon erkek ve 129 milyon kadın var. Bu fark bazı ülkelerde çok daha fazla, Fransa da dâhil. Bekârlık hiç olmadığı kadar artıyor. Bu istatistiği bir trajedi olarak görmeyelim. Bunu kadınların gelişimi için bir fırsat olarak görelim. Yapılması gereken değişimleri yapmadığınızda, kendi yaşamınızda genellikle nasıl olduğunuzu bilirsiniz, yaşam genellikle el atar ve sizi değişim yapmaya zorlar. Mesela, nefret ettiğiniz işinizi bırakmıyorsunuz, sonunda KOVULURSUNUZ. Yaşam size kendinizin değerlendirmediği bir fırsatı sunar. Geçmişte kadınlar tatmin olmak için gerekli olan olumlu değişimleri bilinçlerinde yapmadılar, güçlenmediler ve buna yaşam el attı.

Hepimizin İçinde Sevgi Var

Birçok kadının yanında bir adam olmayınca, ağlamaya ve sızlanmaya devam etmeleri ne kadar üzücü. Evli değilsek ya da ilişkimiz yoksa kendimizi tamamlanmış hissetmiyoruz. "Sevgiyi aradığımızda" buna sahip olmadığımızı söylüyoruz. Ama hepimizin içinde sevgi var. Kimse kendimize veremediğimiz sevgiyi bize veremez. Kendi sevgimizi kendimize verdiğimizde, bunu kimse bizden alamaz. "Yanlış yerlerde sevgi arayışımıza" son verelim. Bir partner bulma bağımlısı olma, zararlı ya da bağımlı bir ilişkiyi sürdürmek kadar sağlıksızdır. Bir partner bulmaya bağımlıysak, o zaman bu bağımlılık bizim yoksun olduğumuz hissini yansıtır. Diğer bağımlılıklar kadar sağlıksızdır. "Benim neyim var?" sorusunun başka türlüsüdür.

"Partner bulmaya bağımlı olma" ve "yeterince iyi olmama" korkusuyla çevrili o kadar çok korku var ki. Bir partner bulmak için üzerimizde o kadar çok baskı yaptık ki çoğu kadın tatmin edici olmayan ve hatta istismar ilişkilere razı oluyor. Bunu kendimize yapmak zorunda değiliz. Bu, bir öz sevgi eylemi değil.

Kendimize acı çektirmemiz gerekmiyor. Şiddetli yalnızlık ve mutsuzluk hissetmek zorunda da değiliz. Tüm bunlar tercih meselesi. Bizi destekleyecek ve bizi tatmin edecek "yeni seçimler" yapabiliriz. Sınırlı seçenekleri kabul etmek için programlandık. Ama bu geçmişteydi. Bunun yeni bir gün olduğunu hatırlayalım ve güç noktası daima şu andadır. Bugün inanmayı ve kabul etmeyi seçtiğimiz şey geleceğimizi yaratır. Düşünce yapımızı ve inançlarımızı değiştirebiliriz. Şu anda, tam şimdi kendimiz için yeni ufuklar yaratmaya başlayabiliriz. Sadece zamanımızı bir hediye olarak görebilelim!

Bazen yalnız kalmamız bizim için daha iyidir. Bir evliliği tamamlayan (boşanarak ya da dul kalarak) ve kendilerini destekleyen kadınlar tekrar evlenmemeyi seçebilirler. Evlilik aslında erkeklerin yararına olan bir gelenektir. Evliliği köleliğe giriş olarak ve bağımsızlıklarını kaybediş olarak görüyorlar. Biz kadınlaraysa evlilik uğruna kendimizi reddetmemiz öğretildi. Ve erkekler evliliğin onları desteklemek için olduğuna inanıyorlar. Bağımsızlıklarını kaybetmekten çok, kadınların çoğu tek başlarına kalmayı seçiyor. Bir erkeğe daha fazla itaat etmemek onların hoşuna gidiyor.

Eski bir atasözü vardır: "Göğün yarısını kadınlar tutar." Bunu doğrulamanın zamanı geldi bizim için. Sızlanarak, öfkelenerek, kendimizi kurban konumuna getirerek, gücümüzü erkekler ya da sistem uğruna boşa harcayarak öğrenemeyeceğiz.

Yaşamlarımızdaki erkekler kendimizle ilgili inancımızı yansıtır. Bu yüzden sık sık başkalarına kendimizi sevdirmek ve bağlanmak için başkalarını arıyoruz, onların tüm yapabildikleri kendimizle olan ilişkimizi yansıtmakken. İlerlemek için kendimizle olan ilişkimizi geliştirmeye ihtiyacımız var. En olumlu yollarla kendi güçlerini "kabul etmeleri ve kullanmaları" için kadınlara yardım etmek ve bunun için kendi işime konsantre olmak istiyorum.

Hepimizin yaşamda bizimle başlayan sevgide çok açık olmamız gerek. Çok sık tüm sorunlarımızı çözmesi için, babalarımızın, erkek arkadaşlarımızın, kocalarımızın formlarında "Bay Doğru"yu arıyoruz. Şu anda "Bayan Doğru" olmamız gerek. Şu anda yaşamımda Bay Doğru yoksa, kendim adına Bayan Doğru olabilirim yine de. Kendi yaşamımın kontrolünü alabilirim ve istediğim türden hayatı yaratabilirim.

Bu yüzden bir ilişkiniz yoksa, yalnızlığa *mahkûm* olarak düşünmeyin kendinizi. Asla mümkün olduğunu düşünmediğiniz bir yaşamı kendinize yaratacağınız bir fırsat olarak düşünün. Bir çocuk ve genç bir kadın olarak, şu anda sahip olduğum yaşamı asla hayal edemezdim. Kendinizi sevin ve gitmeniz gereken yere yaşamın sizi götürmesine izin verin. Tüm engel-ler yok oluyor. İstediğimiz kadar yükseğe uçabiliriz.

BEŞİNCİ BÖLÜM

BEŞİNCİ BÖLÜM

"Kendi doğurganlığımızı kontrol etmek için sisteme "yalvarmak" zorunda kaldıkça biz köleyiz. Bunun tüm araçları kendi ellerimizde olmalı."

- Sonja Johnson'ın From Housewife to Heretic adlı kitabından

Çocuklar, Ebeveynlik ve Öz Saygı

Küçük çocuklar ve ebeveynlik hakkında biraz konuşalım. Çoğu yaşamımda birçok çocuğa sahip olduğumu biliyorum. Bu yaşamımda çocuğum yok. Bunu bu zamanda benim için mükemmel şey olarak kabul ediyorum. Evren yaşamımı zengin deneyimlerle doldurdu ve milyonlara taşıyıcı bir anne yaptı beni.

Lütfen bir kadının çocuksuz tatmin olamayacağı inancını

yutmayın. Bu çoğu kadın için doğru olabilir ama hepsi için geçerli değildir. Toplum her kadının çocuğunun olması gerektiği konusunda ısrar etmektedir, böylelikle kadınları olduğu yerde tutabilirler. Ben daima her şeyin bir sebebinin olduğuna inanmışımdır. Çocuğunuz yoksa, o zaman belki yaşamda başka şeyler yapmamız gerekiyordur. Çocuk özleminiz varsa ve bunu sürekli bir kayıp olarak hissediyorsanız, o zaman oturup üzülün ama sonra hayatınıza devam edin. Sonsuza dek yas konumunda olmayın. Şunu onaylayın:

"Yaşamımda olan her şeyin benim en yüce yararıma olduğunu biliyorum.
Tamamen tatminkârım."

Bu dünyada terk edilen çok çocuk var. Annelik içgüdümüzü gerçekten tatmin etmek istiyorsak, o zaman kurtarmak ve evlat edinmek iyi bir alternatiftir. Başka kadınlara annelik edebiliriz. Kanatlarımızın altına kayıp bir kadını alabilir ve onun uçmasına yardım edebiliriz. Hayvanları kurtarabiliriz. Dört köpeğim ve iki evcil tavşanım var. Bu hayvanların tümü barınaklardan kurtarılanlar. Her biri istismar edilmiş. Bir yıllık sevginin hepimiz için harikalar yaratabileceğini, hayvanlar da dâhil öğrendim. Daha iyi bir dünya için birçok farklı yolla çalışabiliriz.

Devasa bir sanayi büyüyor, doğurganlık "satmak" için; bu

2 milyar dolarlık bir iş alanı doğurdu. Doğurganlık klinikleri genellikle saldırgan, ısrarlı satış tekniği kullanmaktadır. Hayatınızı riske edip bir denek olarak hamile kalmak istemezsiniz. Tüp bebek yeni moda olmuştur ve bu sağlıklı değildir. Bedeninizin bir bebeği olması gerekiyorsa, o zaman olacaktır. Bedeniniz hamile olmuyorsa, bunun iyi bir nedeni vardır. Bunu kabul edin. Yaşamınızla yapacağınız başka şeyler vardır. Sizi şaşırtabilecek bir görev bulabilirsiniz.

Benim kişisel inancım doğurganlık tedavilerinden uzak kalmaktır. Bu deneysel tedaviler hakkında henüz yeterince şey bilmiyoruz. Doktorlar kadınların bedenleriyle ve fetüsleriyle deney yapıyorlar. Doğurganlık tedavileri çok pahalıdır ve bence bunlar tehlikelidir. Şimdi bu tedavilerle ilgili bazı korkular hakkında okumaya başlıyoruz. Kendi hesabına 40 tedavi gören bir kadın hamile kalmadı ama aids* kaptı. Kullandığı birçok donörden birinin aidsi vardı. Tedavinin masraflarını ödemek için bir çiftin evlerini ipotek ettiği haberini okudum ve hâlâ başarılı olmamışlar. Böyle bir tedaviye başlamadan önce çok dikkatli olun. Konuyla ilgili bulabileceğiniz her şeyi okuyun, doğurganlık klinikleri tarafından dağıtılan dokümanları okumayın sadece. Bilgili ve uyanık olun.

Bu kültürde kürtaj konusu kolay bir konu değil, bununla ilgili oldukça zorlu inançlar vardır. Çin gibi değil, orada nüfusu azaltmak için kadınlar kürtaja zorlanıyorlar. Kürtajı etik ve

---

* Aids hastalığının harflerini her zaman küçük kullanırım, bu rahatsızlığın önemini azatlamak için.

hatta politik bir konu yaptık; Çinlilerse bunu gereklilik yaptı. Kürtaja karşı olan gruplar gerçekten kadınların olması gereken yerde tutulması gerektiğini söylüyor. Doğurmalıyız, ailelerimize hizmet etmeliyiz. Üretkenlik kapasitemize politik bir konu gibi davranılıyor. Kürtaj olma kararı her zaman zor olandır. Bunu yapmamamız daha iyiyken, kendini umutsuz bir durumda bulan ve kürtaj kararını veren bir kadını asla kınamam.

Hamileliği önleyen bitkilerin olduğunu söyleyen Meksika Northern Baja'daki Kızılderili şifacı kadınları duymuştum. Bunlardan iki tane alıyor ve yan etkisi olmaksızın sekiz yıllık doğum kontrolü sağlıyor. Sırlarını öğrenmeye istekli olduğumuz takdirde doğanın her şeye çare bulduğunu her zaman bilmişimdir. Daha "modern," bilgili ve doğadan çok uzak olan bizler yanıt bulabilmek için kimyasallara ve cerrahiye başvuruyoruz.

Hamileliği zihinsel olarak kabul etmeyi ya da reddetmeyi öğrendiğimiz zamanı iple çekiyorum. Çünkü bunun zihinlerimizle yapabileceğimiz şeylerden biri olduğunu biliyorum. Henüz öğrenmedik. Bilim adamları beynimizin yüzde onunu kullandığımızı söylüyor. Bir gün geri kalan yüzde doksanını serbest bırakacağımızı ve o zaman hayal bile edemeyeceğimiz güçlerimizi bulacağımızdan eminim.

Çocuklarımızı Kendilerini Sevmeleri İçin Yetiştirmek

Çocuklarını tek başlarına yetiştirmek için mücadele veren birçok bekar anne var. Bu çok zor bir iş ve bu deneyimi yaşayan her kadını tek tek alkışlıyorum. Bu kadınlar gerçekten "yorgun" olmanın ne demek olduğunu biliyor. Boşanma oranlarına bakınca her gelinin çocuk sahibi olmadan önce "Çocuklarımı tek başıma yetiştirebilir miyim ve bunu ister miyim?" sorusunu sormalıdır. Çocuk yetiştirmek çoğu gelinin anlayabileceğinden çok daha fazla iş demektir. Bekar bir ebeveyn olarak çocuk yetiştirmek bunaltıcıdır. Toplum olarak, yeterli çocuk bakımının çalışan tüm kadınlara sağlanması gerektiği konusunda ısrarcı olmalıyız. Kadınlar, kadınların ve çocukların yararına olacak yasalar oluşturmaya yardımcı olmalıdır.

Anneler olarak, "Süper Kadınlar" olmak zorunda değiliz; "Süper Ebeveyn" olmak zorunda değiliz. Yeni beceriler öğrenmek istiyorsanız, ebeveynlik üzerine olarak birkaç harika kitabı okuyabilirsiniz. Mesela, Wayne Dyer'ın *What Do You Really Want For Your Children*? Sevecen bir ebeveynseniz, çocuklarınızı arkadaş olarak sahip olmayı isteyeceğiniz türden insanlar olarak yetişme şansına sahip olacaktır. Kendilerinden tatmin ve başarılı olan insanlar olacaklardır. Kendinden tatmin olmak içsel huzur getirir. Sanırım çocuklarımız için yapabileceğimiz en iyi şey kendimizi sevmeyi öğrenmektir. Böylece çocuklarımıza her zaman örnek olabiliriz. Yaşamınızın kalitesini geliştireceksiniz. Onlar da geliştirecek. Kendiniz için yaratacağınız öz saygı tüm ailenize özsaygı getirecektir.

Bekar bir ebeveyn olmanın olumlu bir yanı da vardır. Şimdi kadınların istedikleri gibi erkek olmaları için oğullarını yetiştirme fırsatları vardır. Kadınlar erkeklerin tavır ve davranışlarından o kadar çok şikâyet ederler ki yine de oğulları yetiştiren onlardır. Nazik, sevecen ve dişi yönleriyle de bağlantılı olan erkekler istiyorsak, o zaman onları bu şekilde yetiştirmek bize bağlıdır. Bir erkekte, bir kocada istediğiniz şey nedir? Bunların listesini çıkarmanızı öneririm ve *gerçekten* istediğiniz şey konusunda çok açık olun. Karısı bunun için sizi sevecektir. Sizin ve oğlunuzun sonsuza dek iyi bir ilişkisi olacaktır.

Lütfen, eğer bekar bir anneyseniz, eski kocanız hakkında kötü konuşmayın. Bu sadece çocuklarınıza evliliğin bir savaş olduğunu ve büyüdüklerinde onların evliliklerinin de bir savaş alanı olacağını öğretir. Bir annenin çocuğunun üzerinde herkesten daha fazla etkisi vardır. Anneler birleşin! Kadınlar bir araya geldiklerinde, istediğimizi söylediğimiz türde erkek yaratabiliriz, en azından bir nesilde.

Okullarda günlük ders olarak öz saygı ve özdeğer derslerinin verildiğini görmek isterdim. Küçük çocukları güçlendirin ki güçlü yetişkinlerimiz olsun. Öğretmenlik yapan erkek ve kadınlardan o kadar sık mektup alıyorum ki bu metotları öğrettiklerinde harika sonuçlar aldıklarını söylüyorlar. Çocuklarla yapabildikleri şeyleri görmek harikadır. Genellikle tek sınıfları oluyor. Ama buna rağmen her çocukla olumlu birkaç düşünceyi yerleştirebiliyorlar.

Kızlarımıza kendilerini güçlendirmeyi öğrettiğimizde, istismar edilmelerine ya da bir şekilde ezilmelerine izin vermeyeceklerdir. Ve oğullarımız yaşamlarındaki tüm kadınlar da dâhil herkese saygı duymayı öğreneceklerdir. Hiçbir erkek bebek bir istismarcı doğmaz. Hiçbir kız bebek bir kurban ya da özdeğerden yoksun olarak doğmaz. Başkalarını istismar etme ve özdeğerden yoksun olma *öğrenilen* bir davranıştır. Çocuklara şiddet ve kurbanlığı kabul etme öğretildi. Yetişkinlerin toplumumuzda birbirlerine saygıyla davranmasını istiyorsak, o zaman çocuklarımıza nazik olmalı ve özsaygılarının olacağı şekilde yetiştirmeliyiz. Ancak bu şekilde iki cins birbirini gerçekten onurlandırır.

Bir ebeveynseniz, örnek olma fırsatına sahipsiniz. Çocuklarınıza onaylamaları ve ayna çalışmasını öğretebilirsiniz. Bunları birlikte bir ayna önünde çalışın. Birbiriniz için onaylamalarda bulunabilirsiniz. Birbirinize olumlu deneyimler yaratmak konusunda yardım edin. Birlikte onaylama yapan bir ailenin harika bir yaşamı olur. Çocuklarınıza düşüncelerinin ne kadar önemli olduğunu bilmelerini sağlayın. Çocuklarınız kendi deneyimlerinden sorumlu olacaklarını öğreneceklerdir; yaşamdaki yardımcı yaratıcılardır, değişim yapmak için onlara güç verin.

Ebeveynlerin birçok duyguyu bastırma eğilimi vardır. Her evlilikte, genellikle baş edemedikleri, söylenmemiş/konuşulmamış sorunlar vardır. Çocuklar bunu algılar ve bu konuları eyleme dönüştürürler. Ergenlik yılları bu davranışın arttığı dönemdir. Ebeveynlerin kendi pisliklerini temizlemektense çocuklarını suçlama eğilimleri vardır. Çocuğunuz yaramazlık yapıyorsa, sizin hangi bastırılmış duygularınızı yansıtıyorlardır acaba? Gücenme duygunuzu bıraktığınızda ve sorununuzu affettiğinizde, o zaman çocuğunuzun mucizevî bir şekilde iyi yönde değiştiğini göreceksiniz.

Yaşamda, mesajla mesajı vereni birbirine karıştırır ve dersi kaybederiz. Çocuklarımız, ya da başkaları canımızı gerçekten sıkacak bir şey yaptığında, genellikle sinirlenir ve onları suçlarız. Anlamadığımız şeyse bu insanların bizim oyunumuzda rol oynayanlar olduğudur. *İçimizdeki* bazı inançları ya da kalıpları veya bastırılmış meseleleri yansıtıyorlar. Serbest bırakma fırsatının bize şimdi verildiğini gösteriyorlar. Bir dahaki sefere birine sinirlendiğinizde, geri adım atın ve kendinize sorun "Burada almam gereken ders nedir? Bu olay çocukluğumdaki bir şeyi mi anımsatıyor? Aradığım nasıl bir şey? Kendimi affetmeye ya da asıl olayla bağlantılı olanları affetmeye istekli miyim?"

Çocuklarımız ve arkadaşlarımız sık sık görmek istemediğimiz ya da uğraşmak istemediğimiz şeyleri bize gösterirler. Derslerimizden kaçmayı severiz.

ALTINCI BÖLÜM

ALTINCI BÖLÜM

Kendi Sağlığınızı Yaratmak

Biz kadınların bedenlerimizi iyileştirecek birçok alternatif yöntem hakkında bilgilenmemiz lazım. Hap üreticilerine güvenemeyiz sadece. Televizyonlardaki reklamlar bize ihtiyacımız olan bilgileri asla vermeyecek. Reçetesiz ilaçlar bir semptomu maskeleyebilir ama gerçek iyileşmeyle alakaları yoktur. Kadının teri konusundaki eski inanç sistemlerimize tutunur ve sağlığımızla ilgili eski yöntemleri kullanmaya devam edersek, güçlü olmayı zor buluruz.

Tıbbi ve ilaç sanayilerden gücümüzü geri alma zamanımız geldi. Yüksek teknolojiyle hırpalanıyoruz ki bu hem çok pahalı hem de neredeyse sağlığımızı yok ediyor. Kendi bedenlerimizin kontrolünü almayı öğrenmemizin ve kendimiz için iyi sağlık yaratmanın zamanı geldi, böylece milyonlarca yaşamı ve trilyonlarca doları kurtarabiliriz. Gerçekten beden/zihin bağını anladığımızda, sağlık sorunlarımızın çoğu yok olacaktır.

Yaşadığınız yerde satılan sağlıklı gıda ürünleri, bedeninizi nasıl sağlıklı tutacağınızı öğreten yayınlarla doludur. Kendinizle ilgili her şeyi ve sizi güçlendirecek yaşamla ilgili her şeyi öğrenirsiniz. Dr. Christiane Northrup'ın Women' Bodies, Women's Wisdom kitabını ısrarla tavsiye ederim. Christiane Northrup ünlü bir holistik doktordur, benim akıl hocalarımdandır. Ayrıca Women Network için Health Wisdom'ın bir üyesi olmanızı öneririm. Semptomlarınızı doğal olarak nasıl iyileştireceğiniz konusunda sizi sürekli bilgilendiren ve kadın sağlığı konularında son güncellemeleri veren aylık yayını vardır.

Beslenmenin Önemi

Beslenme sağlığımızda ve iyi olmamızda son derece önemli bir rol oynamaktadır. Birçok şekilde, ne yiyorsak oyuzdur. Yemek konusundaki temel felsefem şudur: Toprakta yetişirse, yiyin; yetişmezse, yemeyin. Meyveler, sebzeler, yemişler ve buğdaylar toprakta yetişir. Twinkies ve Coca-Cola yetişmez. Fastfood yiyecekler Amerika'nın sağlığını yok ediyor. Süpermarketlerdeki en çok satılan beş şey Coca Cola, Pepsi Cola, Campbell's Soup, işlenmiş peynir ve bira olduğunu fark etmiyor musunuz? Bu şeylerin besin değeri yoktur, şeker ve tuzla doludur. Bunlar, ülkede yaşadığımız rahatsızlığın yaygınlaşmasına neden oluyor. Beslenmeyle ilgili şeyleri öğrenin. Sağlığınız için çok gereklidir. İşlenmiş gıdalar, üreticilerin paketlerinde bunu ne kadar güzel resimlemiş olurlarsa olsunlar sağlıklı olamaz.

Kadınlar uzun bir zaman yaşayacaklarsa bu gezegeni tüm kadınlar açısından daha iyi bir yer yapmak için yapacak çok işimiz var. Bunu başarmak için güçlü, esnek ve sağlıklı olmalıyız. Zayıf, hasta ve kapasitesiz olan daha yaşlı kadınları gördüğünüzde, yetersiz beslenme, egzersizden yoksun ve olumsuz düşünce ile inançların birikiminden oluşmuş bir ömre bakıyorsunuzdur genellikle. Bu şekilde olması gerekmiyor. Biz kadınların muhteşem bedenlerimize iyi bakmayı öğrenmemiz gerekiyor. Böylece yaşlılık yıllarımıza mükemmel fiziksel şekille girebiliriz. Geçenlerde fiziksel muayenem vardı ve doktor yaşıma göre inanılmaz derecede iyi bir fiziksel kondisyona sahip olduğumu söyledi. 70 yaşındaki bir kadının zayıf bir sağlığa sahip olmasını beklemesi beni rahatsız etti!

Bedeninizdeki hücreler canlıdır ve onların da büyümek ve üremek için besine ihtiyaçları vardır. Beslenme düzenimizde taze yiyecekler önemlidir. Yaşam kendimizi beslememiz ve sağlıklı kalmak için gerekli olan her şeyi bize zaten vermiştir. Ne kadar basit yersek o kadar sağlıklı oluruz. Bedenlerimize ne aldığımıza dikkat etmemiz gerek! Biz etmezsek kim eder? Bilinçli yaşayarak rahatsızlığı önleriz. Öğle yemeğinden sonra uykulu hissederseniz, o zaman alerjik reaksiyon yaratan bir şey yemişsiniz demektir. Yediklerinize dikkat edin. Size müthiş enerji ve- recek yemekleri bulun.

Mümkün olduğunca organik meyveler ve sebzeler yiyin. Süpermarketteki meyve ve sebzelerin en fazla böcek ilacı içerdiklerini Dr. Andrew Weil'in *Self-Healing* adlı aylık bülteninde öğrendim. Buna göre (sırasıyla): çilekler, dolmalık biberler, ıspanak, Amerika'da yetişen çilekler, şeftaliler, Meksika'da yetişen kantalup kavunu, kereviz, elmalar, kayısılar, yeşil fasulyeler, Şili'den gelen üzümler ve salatalıklar.

Mandıra ya da et sanayilerini dinlemeyin. Sağlığımız onların umurunda değil; umurlarında olan tek şey kâr etmek. Bol kırmızı et yemek ve mandıra ürünü tüketmek kadın bedeni için iyi değildir. Beslenme düzeninizden bu besinleri çıkararak bile PMS* sorunlarınızı halledebilirsiniz ve menopoz semptomlarını hafifletmeye yardımcı olur. Kafein ve şeker kadınların var olan sağlık sorunlarının çoğuna katkıda bulunan diğer iki suçludur. Sağlıklı beslenme alışkanlığı kazanın. Bedeniniz verdiğiniz yeni enerji için size teşekkür edecektir. Gücünüzü geri alın. Bedeninizi öğrenin. Sağlık için yediğinizde, asla diyet yapmak zorunda kalmayacaksınız.

* Premenstruel sendrom, adet öncesi gerginlik. (ç.n.)

Egzersizin Faydaları

Sağlımızı artırmanın harika yollarından biri de egzersiz yapmaktır. Egzersiz sağlığımız için çok önemlidir. Hiç egzersiz yapmıyorsak, o zaman kemiklerimiz zayıflar. Güçlü kalmaları için egzersize ihtiyaçları vardır. Her seferinde insan ömrü daha da uzuyor ve son günümüze kadar koşabilmek, zıplayabilmek, dans edebilmek ve kolayca hareket edebilmek isteriz. Zevk alacağınız birkaç hareket bulun ve yapın. Kendiniz için yaptığınız her şey ya kendinizi sevdiğinizi gösteren bir eylem ya da kendinizden nefret ettiğinizi gösteren bir eylemdir. Egzersiz özsevgidir ve kendinizi sevmek yaşamda her açıdan başarılı olmanın anahtarıdır.

Harika "bir dakikalık" bir egzersiz 100 kez aşağı yukarı zıplamaktır. Kolaydır, çabuktur ve kendinizi iyi hissettirir. Müzikle dans edin. Bir bloğun etrafında bir tur atın mesela.

Mini trambolin üzerinde biraz zıplayabilirsiniz, nazikçe. Bu gerçekten eğlenceli bir egzersizdir ve her zıpladığınızda, lenf sisteminizin temizlenmesine ve kalbinizle kemiklerinizin güçlenmesine yararı dokunur. Mini trambolini keşfeden şu anda 80 yaşlarındadır, egzersizle ve yaşlanmayla ilgili hâlâ iyi haberler yayıyor. Egzersiz yapmak için çok yaşlı olduğunuz fikrini yemeyin.

Sigarayla İlgili Bazı Düşünceler

Sigarayı bırakmak sağlığınız için yapabileceğiniz en iyi şeylerden biridir. Bir sigara içici olarak, her yıl sigarayla ilintili hastalıklar yüzünden ölen 400.000 insandan biri değilseniz bile, sağlık sorunlarınıza katkıda bulunuyorsunuz. Yumurtalık sorunlarından, akciğer kanserine, kalp hastalıklarına, kemik erimesine kadar sigara hastalık riskini artırmaktadır. Eğer bir kadın dokuz aylık dönemde sigara içmekte ısrarlıysa, bağımlılık ve reddetme hamilelik esnasında güçlü bir rol oynamaktadır. Boş nedenler bir yana bir kadın bırakmak için iyi bir neden bulabilir. Sigara gözenekleri büyütür, ağız kenarında çizgiler oluşturur ve cildi çok erken yaşlandırır. Ayrıca sigara bir kadının kirli bir kül tablası gibi kokmasına neden olur. Sigarayı bırakmaya karar verdiyseniz, alabileceğiniz bir sürü yardım var. Sağlıklı gıda ürünleri satan yerlerde bedeninizi yeniden dengelemeniz için bir sürü ürünü vardır. Akupunktur, hipnoz ve geleneksel Çin tıbbı bırakmanıza yardım eder. Bedeniniz karşılığında buna saygı duyduğunuzda sizi sevecektir. Bedeninizden zararlı maddeleri uzak tuttuğunuzda bu öz sevgi eylemidir.

Menopoz: Doğal ve Normal

Menopozun yaşamın normal ve doğal bir süreci olduğuna inanıyorum. Bunun bir rahatsızlık olması gerekmiyor. Regli döneminde her ay, beden doğmayacak bir bebek için hazırlanan yatağı değiştiriyor. Aynı anda birçok toksini de atıyor. Abur cuburla besleniyorsak ya da standart Amerikan işlenmiş besinlerden alıyorsak ki bunların yüzde 20'si şeker ve yüzde 37'si yağdan oluşur, sürekli toksin oluşturuyoruz, belki de eleyebildiğimizden daha fazla.

Bedenlerimizde çok fazla toksin taşıyorsak, menopozun eşiğindeysek, o zaman bu süreç daha rahat olmayacaktır. Bu yüzden bedeninize her gün iyi baksanız iyi edersiniz. Böylelikle menopoz döneminiz daha kolay olur. Zor ya da kolay bir menopoz dönemi kendimizi nasıl hissettiğimiz ve buluğ çağından bu yana kendimize nasıl baktığımızla şekillenecektir. Zor menopoz geçiren kadınlar genellikle uzun süre kötü beslenen ve ayrıca zayıf zihinsel öz imajlara sahip olan insanlardır.

1900'lerde, yaşam ömrümüz yaklaşık 49 yıldı. Bu günlerdeyse menopoz büyük bir mesele değil. Eskiden menopoza girilir girilmez, kişi ölüme çok yaklaşıyordu. Bugün yaşam ömrümüz yaklaşık 80 civarında ve çok geçmeden bu 90 olacak. Böylelikle menopoz baş edilmesi gereken bir mesele olacak. Bugünlerde çok fazla kadın daha aktif, sağlık bakımlarında daha sorumlu bir rol oynamayı, bedenleriyle daha uyumlu bir şekilde büyümeyi, biraz rahatsızlık verici olan ya da kapasiteyi biraz düşürerek onlara doğal olarak gelişecek menopoz gibi değişim süreçlerini geçirmeyi seçiyorlar. Nüfus artışının desteklendiği 1946 ile 1964 yılları arasında doğan kadınlar şu anda "me- nopoz" çağına giriyorlar. Tabi bu yüzden bu kadınlar yaşamdaki menopoz geçişinde yoğun bir ilgi patlamasıyla burun buruna geldiler. 2000 yılında yaklaşık 60 milyon Amerikalı kadın üretken yaşamlarının bu hormonsal ve psikolojik dönüm noktasına giriyor olacaklar.

Geleneksel Amerikan Yerli kadınları menopozu deneyimlemez; ölene kadar adet olmaya devam ederler. Adet döngüsü Kızılderili kadınlar tarafından sağlığın göstergesi olarak kabul edilir. Kuzeyli Baja kadınları bugün yaklaşık 100 yıl zamanın gerisindedirler, yaşlılıklarına kadar adet döngülerini yaşamaya devam ederler. Menopoz kavramını anlamazlar. Adet döngüleri bilgelik zamanıdır ve Kızılderili kadınların bilgileri bunun ardından gelir. Geçmişte, 60'larında çocuk sahibi olmak Kızılderili kadınlar için normaldi. Tabi ki yaşamın hızına, zayıf beslenmeye ve benzer şeylere bu modern zamanlarda bağlı olarak çok çok daha az rastlanır. Dünya çapındaki yerli kültürler üzerinde daha sık çalışırsak normal adet döngülerimizle doğal bir şekilde başa çıkma yollarını bulacağımızdan eminim. Duyduğuma göre geleneksel Japon kadınlarının sıcak basmalarını yaşamasının nedenlerinden biri çok fazla soya fasulyesi ürünü yemeleriymiş.

Östrojen tedavisi beni korkutuyor. Bilgilerimizin çoğu ilaç şirketlerinden geliyor ve bu bilgiler kimyasal ürünlerini sattırmaya yöneliktir. Bunun bazı kadınlar için olumlu bir tedavi olduğu konusunda hem fikirim. Bununla birlikte, "buluğ çağından mezara kadar kadınlar için ağırlık-kütle östrojen tedavisine" inanmıyorum. Ancak bazı doktorlar bunu iyi bir fikir olarak öneriyor. Bugün son derece popüler olan Premarin hamile bir kısrağın idrarından yapılıyor. Bu şey kadın sağlığına nasıl yardımcı olabilir? Tüm bilgeliğiyle doğa son günümüze kadar, bedenlerimizi iyileştirmek ve uzun yaşamamız, bedenlerimizi mükemmel bir şekilde çalışması için yaratmıştır. Bu bilgiye güvenmeliyiz, içsel bilgeliğimiz kadar, menopozdan sonra bedenlerimizin bozulacağına bizi inandırmak isteyen grupları dinlemeyelim.

Menopozu hiç sorunsuz atlatan sağlıklı kadınlar üzerinde yapılan çalışmaları görmek istiyorum. Ben menopozu geçirdiğimde, sadece bir kez sıcak basması yaşadım. Homeopatik tedavi verildi ve bu da sıcak basma sorunumun sonu oldu.

Östrojendense progestronun genellikle daha yararlı olduğunu öğreniyoruz. Çoğu kez östrojen eksikliğimiz olduğunu düşündüğümüzde, aslında progestron eksikliğimiz vardır. Doğal progestronu, yabani Meksika patateslerinden alabiliriz ayrıca kemik oluşumunu da artırabilir. Yeni kemikleri oluşturmak için genç kemik hücrelerini cesaretlendirir. Unutmayın: Kemik canlı bir dokudur ve kemik kaybı tersine döndürülebilir. Doğal progestron krem formunda sağlıklı gıda ürünleri satan yerlerden alınabilir. Bu krem iyice emileceği bedenin yumuşak iç dokusuna sürülebilir. Sentetik östrojenin yan etkilerini taşımaz. Ayrıca PMS'yi ve çoğu menopoz semptomlarını hafifletmeye yardımcıdır.

Hormon takviye tedavisi (HRT) ile yardım görmemiş kadınların olmadığını söylemiyorum. Ancak çoğu tıbbi kurum, kadınların menopozdan ölümlerine kadar hormon takviyesine ve hafif sıcak basmalarına mahkum olduklarını beyan ediyor. Özellikle, önerdiğim şey bedenlerimizde ve zihinlerimizde uyum ve denge için uğraşmamız gerektiğidir. Zihinlerimiz gereksiz ilaç tedavilerinin yan etkilerini zayıflatabilir.

Yaşamlarımızdaki her şeyle olduğu gibi, hepimiz farklı hazır bulunuşluk ve istekliliği deneyimleriz. Çoğumuz için, konu kökleşmiş konulara geldiğinde, zihinlerimizi ve bedenlerimizi uyumlu hâle getirme sorumluluğu ve bağlılığı çok büyüktür. Özdeğerimizle ilgili inançlar gibi sağlığımızı kötü etkileyen bazı konularla yüzleşecek kadar güvenli ya da hazır olduğumuzu hissedene kadar tıbbi yardıma ya da diğer kaynakların yardımına ihtiyacımız var. Çok yaygın olan inancın tersine ataerkil toplumumuzda kadınların üretken güçleri olmadığı takdirde ya çok az değerlidirler ya da hiç değerli değildirler. Çoğu kadının menopozdan korkmasına ve buna direnmesine şaşmamalı. Östrojen tedavisi bu gibi konulara yardımcı olmaz. Sadece kalplerimiz ve zihinlerimiz bu algıları iyileştirebilir.

Tekrarlıyorum: Menopoz bir rahatsızlık değildir. Bu, yaşamın normal, doğal sürecidir. Yine de, menopozu pazara sürmek büyük bir iş alanı olmuştur ve neredeyse tüm bilgilerimiz ilaç şirketlerinden gelmektedir. Gerçek seçimlerimizin ne olacağı konusunda biz kadınların kendimizi eğitmesi şarttır. Lütfen şu kitabı okuyun ve arkadaşlarınızla da paylaşın: Sandra Coney'in *The Menopause Industry: How the Medical Establishment Exploits Women*. Bu kitap 1960'lara kadar doktorların menopozla çok ilgilenmediklerine işaret eder. Kadınlara hepsinin kafada olduğu söylenilmiştir. Ayrıca "Menopozdan daha keskin bir şekilde sabit tıp cinsiyet ayrımını gösteren başka bir alan yoktur. Menopoza hastalık gözüyle bakmak sosyal olarak kontrol edilen yeni bir olgudur. Modern tıp, kadınları daha güçlü kılmıyor ve onların hayatlarını kontrol ediyor. Bu, sağlıklı kadınları hasta etmektedir" demektedir.

Yaşamın bu aşamasından geçerken son derece yardımcı olan homeopatik ilaçlar ve beslenme uzmanları tarafından kullanılan birçok şifalı bitki vardır. Ayrıca östrojenin yerini alan doğal maddeler de vardır. Bu gibi konular hakkında beslenme uzmanınızla konuşun. Unutmayın; bugünün kadınları eski, olumsuz inanç kalıplarını değiştirmek böylece kızlarımızın ve kızlarımızın kızlarının menopoz boyunca asla acı çekmemelerini sağlamak amacıyla çalışan öncülerdir. Hamileliklerimizi planladığımız gibi menopozumuzu da planlamayı öğrenmeliyiz.

Günlük meditasyonumuz esnasında, bedeninizin her yerine sevgi gönderdiğinizden emin olun, özellikle tüm genitalinize/üreme sisteminize gönderin. Bu organlara size iyi hizmet verdikleri için teşekkür edin. Onları sağlıklı tutabilmek için her şeyi yapacağınızı söyleyin. Bedeninizin bu bölümüyle sevgi dolu bir ilişki geliştirin. Bedeninizi onurlandırmak bu organları güçlendirecektir. Uterus ya da yumurtalıklarınıza sizden ne istediğini sorun. Birlikte, basit bir geçiş dönemi olarak menopozunuzu planlayın; organlarınızın ve duygularınızın rahatı için. Sevgi iyileştirir ve bedeninizi sevmek sağlıklı olmanızı sağlar.

Estetik Cerrahi: Bunu Doğru Sebeplerle Yapın

Estetik cerrahinin yanlış bir tarafı yoktur, sebepler geçerliyse. Estetik cerrahinin duygusal sorunları iyileştirmeyeceğinden emin olmalıyız, kendimizden nefret etme sorunumuzu çözmeye ya da bir evliliği kurtarmaya yaramaz. Sadece estetik olarak kendimizi asla yeterince iyi hissetmeyiz. Estetik inançları iyileştirmez. Estetik cerrahi reklamlarının artışına baktığımda, kadınların özdeğer yoksunluğunu besleyen bir endüstri görüyorum.

Kendinden son derece nefret eden kadınların estetik olduğunu, çünkü bunların kendilerini güzelleştirdiğini sandıklarını gördüm. Kendilerini istememelerinden kaynaklı, yanlış cerrahı seçtiler. Bu yüzden şimdi operasyondan önceki hâllerinden daha kötü görünüyorlar. Özdeğeri olmayan, kendini sevmeyen çok hoş bir kızı hatırlıyorum. Sadece burnunun farklı olmasıyla hiçbir sorununun kalmayacağını hissediyordu. Yanlış nedenlerle ameliyat konusunda ısrar etti ve şimdi bir domuzun burnuna sahip. Onun sorununun burnuyla hiçbir alakası yoktu.

Özdeğerinizi geliştirmek için estetik cerrahiyi kullanamazsınız. Asla işe yaramaz. Geçici bir gelişme sağlayabilirsiniz. Çok geçmeden eski değersizlik hisleriniz geri gelecektir ve düşünmeye başlayacaksınız, *Aslında belki bu kırışıkları gidermiş olsaydım...* ve bu süreç böyle sürer gider. Bir gün birisi yaşlandıkça sarkan dirsekler için dirsek estetiğinin işe yarayabileceğini söylemişti. Kendime "Ah, Tanrım, daha ne kadar ileri gideceğiz? Hafif uzun kollu şeyler giysek daha kolay olmaz mıydı?" dedim. Ama yine, bizi bu kadar programlayan medyadır. Ticari reklamlara göre, kırışıklıkları ve eti olmayan küçük anorektik ergen kızlara dönersek mükemmel olacağız. Yine de, *tüm* suçu reklamcılara atmamalıyız, onların ürünlerini alan *bizleriz*. Kadınlar özdeğerlerini ve özgüvenlerini geliştirdikçe, magazinlerin ne söylediğini umursamayacaklarına ve böylece reklamların değişeceğine inanıyorum.

Doktorların bedeninizle deney yapmasına izin vermeyin. Bedeninize doğal olmayan yöntemlerle bir şeyler yaptırmaya çalıştığınızda ya da yapmak ya da sahip olmak istemeyeceği, bilgeliğinde olmayan bir şeye sahip olmasına zorladığınızda, belanızı arıyorsunuzdur. Doğa Anne'yi kandırmayın. Göğüs implantları yüzünden sorun yaşayan birçok kadına bakın. Göğüsleriniz küçükse, onları sevin. Olumlu onaylamalarla birlikte göğüslerinize sevginizi göndermek bazı kadınların göğüs bedenlerinin büyümesini sağlamıştır. Bedeninizi sevmenin güzel bir yoludur bu ve bedeniniz sevilmeyi seviyor. Ayrıca bedeninizin bu zamanda bedenlenmeye karar verdiğinizde kesinlikle sahip olmayı seçtiğiniz beden olduğuna inanıyorum. Her şeyden önce, bir başkasını memnun etmek için bedeninizi değiştirmeyin. İnsanlar sizi olduğunuz gibi sevmiyorlarsa, bedeninizi onlara feda ettikten sonra sizi daha fazla sevmeyeceklerdir.

Bu yüzden, küçük bir estetik ameliyata karar verdiyseniz, bunu *neden* yaptığınız konusunda çok net olun. Ameliyattan önce, ameliyat esnasında ve ameliyattan sonra bedeninize bol bol sevgi gönderin. Şöyle bir onaylamayı tercih ederim:

Güzel bir iş çıkaracak sevgi dolu bir ameliyat geçiriyorum. Bu prosedür hızlı ve kolay. Her şey mükemmel gidiyor. Doktorum çabucak iyileşmemden memnun. Sonuçlardan çok memnunum. Her şey iyi ve ben güvendeyim.

Göğüs Kanseri: Bu Neyi İfade Eder?

Göğüs kanseri olan neredeyse tüm kadınlarda tutarlı kalıbı fark ettim. Bu kadınların genellikle hayır diyememe yeteneksizlikleri var. Göğüsler beslenmeyi simgeler. Göğüs kanseri olan insanlar kendileri hariç dünyadaki herkesi beslemiş gibi görünmektedir. Hayır demeyi çok zor bulurlar. Disiplin için suçluluk ve manipülasyon kullanmış ebeveynler tarafından yetiştirilmişlerdir. Şimdi ise kendi işlerini kendilerinin rahatça görebilmesine rağmen bunda çok daha fazlasını onlardan isteyen insanlarla çevrilidirler ve bu kadınlar sanki insan memnun etmek için dünyaya gelmişlerdir. Bu kadınlar kendilerini başkaları için tüketmeye devam ederler ve aslında yapmak istemedikleri şeylere evet derler. Onlar için hiçbir şey kalmayıncaya kadar verirler de verirler.

Hayır demeyi öğrenmek ilk başta çok zor olabilir, çünkü etrafınızdaki insanlar sizin evet demenize alışkındırlar. Ve ilk kez hayır dediğinizde, öfkelenirler. Bu reaksiyonu bekleyebilirsiniz. Hayır demeyi öğrenen herhangi biri bir süre için bu öfkeyle baş etmelidir. İlk dediğiniz hayır en zor olanıdır. Hayır demeyi öğrendiğinizde özür dilememeniz çok önemlidir. Çünkü böyle yaptığınız an sizi ele geçirirler. İnsanlar sizin gerekçelerinizi önemsemez. Sadece hayır deyin. "Hayır, bunu yapamam." "Artık olmaz." "Artık bunu yapmak istemiyorum." Kesin "hayır" mesajı gönderen kısa bir cümle işe yarayacaktır. Karşınızdaki kişi kesinlikle sinirlenecektir. Ve o zaman onun öfkesinin *sizinle* hiçbir alakasının olmadığını bilmelisiniz. Bunun *onlarla* alakası var- dır. Kendinize şunu hatırlatın: SANA HAYIR DEDİĞİMDE, KENDİME EVET DİYORUM. Bu güçlü onaylamayı kendiniz için tekrarlayın. Bu, kendinizi iyi hissettirecektir. Bir başkasına üç kez hayır dediğiniz anda, kişi farklı bir insana dönüştüğünüzü fark ederek sizden bir şey istemeyi bırakacaktır. İçinizde, özünüzde farklı olduğunuzu bilin.

İnsanları memnun etmeye meraklı olanlar için ilk hayır çok zor olabilir. Kendime arka çıktığım ilk seferde terlediğimi hatırlıyorum. Dünyamın sonunun geldiğini ve kaybettiğimi sanmıştım. Dünyam sona ermedi, değişti ve kendime saygım arttı. Bu yüzden, bu içinden geçmeniz gereken bir süreçtir. Başkaları sinirlenebilir, çünkü vermiyorsunuz ya da aşırı vermiyorsunuz. Sizi bencillikle bile suçlayabilirler. Ama aslında söyledikleri şey yapmanızı *istedikleri* şeyi yapmıyor olmanızdır. Bu öfkenin anlamı budur. Unutmayın; olara hayır değdiğinizde kendinize evet diyorsunuzdur. Aynı anda içsel gücenmenizi çözüyorsunuz.

Bir süre için kocasını terk eden birini tanıyorum; bu kalıcı bir durum olmayabilir. Şimdi kocasının yanlış giden bir şeyler için suçlayacak kimsesi yok. Bu karısının hatası olamaz, çünkü orada değil. Hayata başka bir açıdan bakmayı öğreniyor. İki yetişkin oğlu annelerine saygı duyuyor, çünkü kadın kendisine arka çıktı ve değişmesini istediği bir şeyi yapıyor. Tüm ailenin değişimini izlemek çok ilginç. Harekete geçmesi onun için çok zordu ama yaptı ve tüm yaşamı değişti. Her kadının kendine "*Benim* için en iyi olan ne?" diye soracağı zaman gelir. Kadınlar için bu yeni bir soru olabilir. Ann Landers ayrılmayı ya da boşanmayı düşünen kadınların kendilerine "Terk edersem mi yoksa kalırsam mı daha iyi durumda olurum?" sorusunu sorduklarını söyler.

Kalbimize İyi Bakmamız Gerek

Kadınların yüzde 4'ü göğüs kanserine yenilirken, yüzde 36'sı kalp rahatsızlığından ölür. Göğüs kanserinin tehlikeleri hakkında o kadar çok şey duyduk. Ama kadınlar ve kalp hastalığı riskleri hakkında çok az şey biliyoruz. Yine de kalp rahatsızlığı kadınlar için önde giden ölüm nedenidir. Kadınların ayrıca erkeklere oranla koroner bypass ameliyatındaki komplikasyonlar sonucunda ölme olasılıkları daha yüksektir.

Kalplerimize iyi bakmamız çok önemlidir. Yüksek yağ içeren bir beslenme düzeni hiçbirimizin yararına değildir. Fiziksel seviyede, yüksek yağ oranlı beslenme, egzersiz yapmama ve sigara içme kardiyovasküler rahatsızlıklara katkıda bulunur. Bu konuda bir şeyler yapabiliriz. Kalplerimiz asla bize kriz geçirtmez, biz onlara kriz geçirttiririz.

Duygusal seviyede, kalbimiz ve pompaladığı kan sevgiyi ve sevinci, çocukluktaki aile bağlarını temsil eder. Kalp rahatsızlıkları olan kadınların genellikle onların yaşamından sevgiyi ve sevinci alan çözülmemiş aile sorunları vardır. Bu konular sevginin ve sevincin yaşamlarına girmesini engeller, çünkü sevginin içeride olmasından korkarlar. Kalbimizi sevgiye kapatmak kalbimize giden yaşam akışını kapatmaktır, sembolik olarak.

Birçok hastalığın duygusal sebebi affetmek konusuyla bağlantılıdır. Affetmekle ilgili ruhsal ders hepimiz için zor olandır.

Yine de gerçek iyileşmeyi istiyorsak affetmeyi herkesin öğrenmesi gerekiyor. Hepimiz ihaneti veya kaybı veya bir şekilde istismarı deneyimliyoruz. Deneyimi ve bunun içinde olanları affetmek ruhsal olgunluğun parçasıdır. Bu durum bitmiştir ve değiştirilemez. Bırakmak geçmişle olan bağımızdan bizi özgür kılar. Şu anda yaşamamız için bizi geçmişten özgürleştiren, geçmişi serbest bırakma eylemidir. Geçmişe saplanıp kaldığımız ve affetmediğimiz sürece mutlu, sağlıklı ve başarılı olamayız. Bunlar hepimizin sahip olduğu en büyük meselelerdir. Ve bu, affetmek, birbirimizi sevmek ve şimdide yaşamak için en büyük ruhsal derslerimizdir. Bu kalbi iyileştirir.

Günde bir kez, sessizce oturun ve ellerinizi kalbinize koyun. Sevgi gönderin ve kalbinizin size sunduğu sevgiyi hissetmenize izin verin. Bu kalp siz daha doğmadan önce sizin için atıyordu ve siz yaşamayı seçtiğiniz sürece sizin için çalışacaktır. Kalbinize bakın ve orada uzun süre kalan acı veya gücenme var mıdır görün. Kalbinizi affedicilikle ve anlayışla nazikçe yıkayın. Sadece daha büyük olan resmi görebilseydiniz, dersleri anlardınız. Ailenizin her bireyine sevgi gönderin ve onları affedin. Kalbinizin rahatladığını ve huzur içinde olduğunuzu hissedin. Kalbiniz sevgidir ve damarlarınızdaki kan sevinçtir. Kalbiniz şu anda bedeninize sevgiyle sevinç pompalıyor. Her şey iyi ve güvendesiniz.

YEDİNCİ BÖLÜM

YEDİNCİ BÖLÜM

Cinselliği Keşfetmek

Cinsellik üzerinde birkaç düşüncemi kısaca paylaşmak istiyorum, her ne kadar popüler olmasa da ve bazı değişiklikler olsa da. Bu alanda, düşünce biçimimizi ayarlamaya gerek duyabiliriz. Toplum olarak cinselliğimiz üzerinde o kadar çok ayıplayıcı inançlarımız var ki. Unutmayın: Cinsel eğiliminiz ne olursa olsun bu sizin için mükemmeldir. Bir ilişki hakkında konuşurken, bu hepimize uyarlanabilir, ilişkinizin heteroseksüel veya homoseksüel olmasının önemi yoktur. Bilim bile şu anda cinsel eğilimin doğuştan olduğunu, bizim seçtiğimiz bir şey olmadığını kabul ediyor. Heteroseksüelseniz, bir lezbiyen olmanız gerektiği size söylenseydi nasıl hissederdiniz bir düşünün. Bu, neredeyse imkânsızdır. Aynı şey bir lezbiyene heteroseksüel olmasını istediğinizde de olur. Onlara çok kötü davranıp, kınadığımız için lezbiyen kardeşlerimizden özür dilememiz gerektiğini hissediyorum. En kötüsü onları toplumdan dışladığımızda olur. Cinsellik kadar basit ve doğal olarak bir şey konusunda kendimizi ya da başkasını bastırmamalıyız. Bu sosyal önyargı yaşamın daha büyük resmini paylaşmaktan bizi alıkoyar. Kendinizi olduğunuz gibi sevin. Tanrı asla hata yapmaz.

Bugün geçmişte böyle yapmayı asla düşünmemiş yaşlı birçok kadının şimdi eşcinsel yaşam biçimini keşfetmeye başladıklarını ve samimi ilişkiler için diğer kadınlara döndüklerini görüyoruz. Bu yaş grubundaki erkeklerin azlığıyla, bu çok mantıklı oluyor. Sevgi bizi beklerken biz neden yalnız olmayı seçelim? Diğer kadınlarla yakın ilişki yaşamak kadınların daha önce hiç böyle bir şey yaşamadığı derinlikleri ortaya çıkarabilir. İlişki içindeki kadınlar birçok erkeğin kendilerine izin verdiğinden daha sevecen ve şefkatlidir. Ayrıca, kadınlar yaşlandıkça gerçekleşen bedensel değişimleri daha çok kabul ediyor ve anlıyorlar.

Viktorya zamanında erkeklerle kadınların ayrı dünyalarda (işte, politikada, ebeveynlikte, vs.) hüküm sürmesi kadın-erkek ilişkilerini son derece germiştir. Bu yüzden kadınlar genellikle en özel ilişkilerini başka kadınlarla yaşamışlardır. Bir kadın günlüğünde bir kadın arkadaşından sayfalarca bahsedebilir ve sonra da kısaca "Geçen gece Bay S'nin evlilik teklifini kabul ettim" diye belirtebilir. Romantik arkadaşlıklar genç orta sınıf erkekler arasında da çok geneldir. Kimse bu ilişkileri homoseksüellik işareti olarak düşünmedi. Aslında, 19. yüzyılın sonuna kadar bu terim bulunmadı bile. O dönemde fahişelik de revaçtaydı: New York'ta her 64 erkek için bir fahişe vardı ve Savannah Georgia'da 39 kişiye bir tane düşüyordu.

Bu yüzden, demek istediğim şey şu: Sevgi bulabileceğimiz her yerdedir. Sevgi modası ülkeden ülkeye ve yüzyıldan yüzyıla değişir. Şu anda sözde çok kesin normlarımız var ama onlar da zamanla değişecektir. Eğer onları almayı seçersek cinsellikte seçimlerimizin olduğunu bilelim. Sevgi dolu bir kalbimiz olduğu sürece ve etrafımızdaki herkes için en iyisini istediğimiz sürece kendi seçimlerimiz konusunda özgür olmayı isteyebiliriz. Bazılarımız aseksüel olmayı bile seçecektir. Ve bunda da sorun yoktur. Yargıları bırakalım ve gördüğümüz her sevgiden haz duyalım. Sevgi alıp verirken, ruhlarımızı besleriz ve iyi enerji yayarız.

SEKİZİNCİ BÖLÜM

SEKİZİNCİ BÖLÜM

Cinsel İstismar ve Bunu Dile Getirmek

Kaç kez onurunuz kırıldı veya cinsel tacize uğradınız ve **hiçbir** şey söylemediniz? Bir erkek yoldan çıktığında kendinizi kaç kez suçladınız? "Ah, belki bu benim hatamdı. Belki ben böyle algıladım. Ah, aslında, buraya göre uygun bir davranış. Bu, karşılaştığım bazı şeyler kadar kötü değildi."

Bu kitabı okuyan sözsel olarak taciz edilmemiş ya da bize dokunmak üzerine vazife olmayan bir kişi tarafından ellenmiş, mıncıklanmış ya da okşanmış bir kadın yoktur. Ve yine de, çoğumuz sessiz dururuz, hiçbir şey söylemeyiz. Bunu dile getirme ve kendimizi destekleme zamanıdır. Eğer yapmazsak, bu saçmalığı asla durduramayız.

Kendi evimde benim için çalışan bana, evime ve neredeyse dört yaşındaki hayvanlarıma çok iyi bakan harika bir İngiliz çiftle birlikte yaşıyordum. Geçenlerde onların içinde olduğu bir olay yaşadım. Her şey çok iyi başlamıştı. Ancak zamanla küçük şeyler, daha çok adamla ilgili bir şeyler olmaya başladı. İlk başta olmasına göz yumduğum küçük şeylerdi. Büyük hata. Giderek tembelleşti ve işlerin üçte ikisini karısına yaptırmaya başladı. Benim işveren olduğumu unuttu ve kendi eviymiş gibi davranmaya başladı. Fazla laubali oldu, sanki arkadaşlarımdan biriydi. Tüm bunlar uygunsuz bir davranışa dönüşünceye kadar yavaş yavaş oldu. Şimdi sinyalleri doğru okumadığımı ve uygun sınırları korumadığımı görüyorum. Bir şeylerin doğru olmadığını gösteren küçük hisleri onurlandırmadığım bir noktaya geldiğimi anladım. *Onu* rahatsız etmeyeyim, *onu* iyi bir ruh hâlinde tutayım diye parmak uçlarımda yürüyordum.

70. yaş günümden sonraki gün harikaydı, çoğu kadın arkadaşımı ellediğini ve okşadığını fark etim. Arkadaşlarımdan birkaçıyla konuştuğumda, çeşitli olaylarda bir yılın üzerinde bunun devam ettiğini öğrendim. *Ama kimse bana söylememişti.* Maskesi düşünce, gerisi çorap söküğü gibi geldi ve konuyla ilgili bir sürü bilgi yağmaya başladı. Birkaç çalışanımı tartaklamıştı, hatta bazılarına sarkıntılık etmişti. Özel sekreterim, ben şehir dışındayken kendi evimde saldırıya uğramıştı. Korktum. Bu, Louise Hay'in arkadaşlarına ve çalışanlarının başına geliyordu! Ama neden bana söylememişlerdi? Korkmuşlardı; utan-

mışlardı, hepsinin farklı sebepleri vardı. Muhtemelen onların bazılarının ne olduğunu biliyorsunuzdur, çünkü bunları kendiniz de yaşamış olabilirsiniz. Geçmişte çoğu kez çeşitli cinsel istismar durumları yaşamıştım, bu durumdan nasıl kaçmak istediğimi ve bunu aşmak istediğimi hatırlıyorum. Ancak kaç kez aslında dile getirmiş veya itiraz etmiştim?

Ayrıca aynı adamın karısını taciz ettiğini ve genellikle morluklarının olduğunu fark ettim. Bence, sakladığımız sırlara bakın; mekânımızı ve onurumuzu çiğneyen erkeklerden nasıl kurtulacağımıza bakalım. Korku her seviyede bize boyun eğdirir. Bu hikâyeleri dinlediğimde yüreğime büyük bir ağırlık çöktü. Ve belki de bu buzdağının görünen kısmıydı sadece. 70. yaş günümdeki tüm kadınlarda olan herhangi uygunsuz davranış için özür diliyorum.

Benimle çok şeyini paylaşan ve öz saygısıyla kendini aydınlanmış biri olarak gören çok yakın arkadaşlarımdan biri de bunu dile getirmedi. İstismarla ilgili bir konuyla uğraşırken, ilk tepkisi sessiz kalmak ve ortalığı bulandırmamaktı.

Her halükârda, bir süre evde olanlar doğru *hissettirmemesine* rağmen, benim uğraşacak başka şeylerim vardı. Bu yüzden bu adam bu kadar ileri gitmişti. Bir destek takımı topladım, çünkü onunla ve karısıyla tek başıma yüzleşmenin hiçbir yolu yoktu. Gene de, gelen bilgilere çok güvenmemiş olsaydım, onun mükemmel reddediş performansı karşısında kolayca kandırılabilirdim. Hikâyesini yutmayacağımı anladığında, hırçınlaştı ve terbiyesizleşti. Bununla birlikte, destek takımımı toplamış olsam da, elimde telefonumu da tutuyordum, 911 ile onu alt etmenin kolay olacağını düşünüyordum. Ondan sabah itibariyle evden ve bu mülkten çıkmasını istediğimi söyledim. Avuçlarım terliyordu, midem düğümlenmişti *ve* bir güç hissine kapıldım. Çok sinirli upuzun güçlü bir adama karşı gelmek benim için çok kolay değildi. Karısına karşı şefkat duysam da, buna izin verenin o olduğunu biliyorum ve adamın zamparalıklarıyla baş edebilmesinin tek yolu tamamen reddetmek ya da mıncıkladıklarını suçlamaktı. Genellikle bir adam çapkınlaştığında ya da istismarcı olduğunda, karısı diğer kadınları suçlayarak sürekli reddeder. Bu yüzden her ikisi de masum ve yaralı zümreler olup çıkar. Üç buçuk saat içinde eşyalarını topladılar ve evi terk ettiler.

Ertesi gün kız arkadaşım aradı ve bana düşünmeye başladıklarını anlattı: "Bunu ben mi öyle sandım? Yanılmış olabilir miyim? Böyle konuşarak bir adamı işinden mi ettim?" Biz kadınların *unutma* eğilimi var, değil mi? Biz kimiz ki, sadece "kadınız," nasıl böyle şeyler söyleyebiliyoruz? Tabi ki, belki de biz öyle zannettik. Genellikle bir adamın reddedişine inanırız. Mesafemiz ve onurumuz sorgulandı. Ve yine de şüphe edilen yine bizim hissettiklerimiz oldu. Ruhumuzdaki eski kayıtlar kadını daha da güçsüzleştirmemize neden olur. Kadınlar uzun zamandır terörle kontrol edildiler. Korku yüzünden bunun olmasına hayat boyu izin verdik, genellikle geçerli nedenlerle. Geçmişte konuşsaydık bu hayatımıza mâl olurdu. Bugün bile, Afganistan'-da, şimdiki hükümet yetişkinleri taşlayarak öldürme kanununu tekrar gündeme getirdi. Tabi ki taşlama kadınlar için geçerli, erkekler için asla.

Evimde olan şeyi açıkça gördüğüm an, bu durumu sona erdirecek uygun harekete geçtim. İyi bir terapisti aradım ve randevu aldım. Ayrıca, geçmişte çok terapi görmeme rağmen, hâlâ bu davranışı çeken bir tarafımın olduğunun çok farkındaydım, kendi varlığıma karşı bir şiddet değildi ama evime ve ev halkına karşıydı. İçimde geriye kalan tüm kalıbı temizlemem için ne gerekirse yapacağım.

Terapistim çocukluğumda istismarcı üvey babama karşı öfke duyup duymadığımı sordu. "Öfkemi hatırlayamıyorum. Hatırladığım tek şey korku" dedim.

"Peki, öfkelendiğin ve ona karşı hırçınlaştığın bir zaman olmadı mı?" dedi, anında onun istismar edilmemiş bir çocuk olduğunu anladım. Elimden geldiğince cici olmaya çalıştığım hâlde her gün dayak yiyordum. Ona hırçın davransaydım Allah bilir başıma neler gelirdi? Hayır, öfkelendiğimi hatırlamıyorum. Sadece korku ve terörü hatırlıyorum.

Yeterince dayak yiyip boyun eğersek bir şeyleri farklı yapma umudunu tamamen kaybederiz. Sonra da içimizdeki küçük kızın reaksiyonlarıyla hareket eden kadınlara dönüşürüz. Bu en iyi evlerde bile olabilir. Kızlarımıza daha çok küçükken ilkokulda ve belki daha da öncesinde istismara uğradıklarında bunu dile getirmeleri gerektiğini öğretmemiz lazım. Dünyanın her yerini kadınlar için daha güvenli bir yer yapmamız gerekiyorsa önce tepkilerimizi çok zor görünse bile değiştirmeliyiz. Hizmetçimi kovmak üvey babama karşı olan bir başkaldırıydı, çocukken asla yapamadığım bir şeyi yaptım.

* * *

İş yerimde büyük bir uyum yarattım. Herkes Hay House'la iş yapmanın ne kadar harika olduğunu söyler. Mutlu çalışanlarım var. Eski bir dernek organizatörü bu kadar mutlu olan bir firma ekibi görmediğini söylemişti. Yine de kendi evimde istismarcı, güçsüzleştirici bir durumun gelişmesine müsaade ettim, çünkü sinyalleri okumadım ve o ya da bu sebeple ortalığı bulandırmak istemedim.

Bir şekilde bu olayın olması iyi oldu. Çünkü şu anda tüm kadınlar için ve tüm kadınlara konuşacağım. Konuşmazsam diğer kadınların seslerini çıkarmalarını nasıl bekleyebilirim? Erkeklerin otorite figürleri olarak görüyoruz. Kendimizi de kurban olarak. Çabalasak bile asla kazanamayacağımız düşüncesiyle yetiştirildik çünkü. Kadınları hiçe saymanın, onurlarını kırmanın ve güçsüzleştirmenin çok sinsi yolu var. Özdeğerimiz için savaştık, ancak yine de bu konularla ilgili konuşmayı zor ya da imkânsız buluyoruz. İtaatkâr kadınların aldığı eğitim o kadar güçlü ki sınırlarımızın sonuna kadar ihlal edilmesi konusunda uyanık olmayı öğrenmeliyiz. Önce babalarımızın sonra erkek arkadaşlarımızın, patronlarımızın ve kocalarımızın olmak üzere bir erkeğin yükünü alıp taşımak öğretildi bize. Bunu o kadar uzun zamandır yapıyoruz ki bunun normal olduğunu düşünüyoruz. Ele vermeyi öğrenmeliyiz. Bizi sessiz tutan utanç ve şiddet korkusudur. Bir savaş atmosferinde yaşayan kaç kadın var ve kaç çocuk bu ortamda yetiştiriliyor? Kadınlar bunu nasıl durdurur? Yapabileceğimizi bilerek, şessiz kalmayı reddederek durduruz. Buna izin verenler kadınların kendisidir ve durumun sona ermesi de kadınlara bağlı. Kadınlar bilerek ya da bilmeyerek izin vermediği sürece erkekler bu kadar ileri gidemezdi. Devam etmesini önlemek zorundayız.

Hayır demekte, tedbirli olmaya istekliysek hayır deme alışkanlığını kazanabiliriz. Sonra tüm istismar durumunu sona erdirebiliriz. Sessiz kalmak bize kadın olarak ve tüm toplumumuza hasar verir. Şu anda kadınların özgürleşme hareketinin doğumunun 25. yılı, ancak sözlü istismar ve cinsel şiddet hâlâ çok yaygın. Birçok ofiste ve iş yerinde doğal görülüyor. Kadınların son vermesi gereken şey budur. Başkaları tarafından istismar edilmeye nokta koymamızın zamanıdır. Gerçeği söyleyelim; sırları söyleyelim. Açılmak bu davranışı durduracaktır. Erkekler bununla baş edemeyecekse, bunu bırakacaklardır. Erkeklerle gizlice anlaşmayın, bu bizim onurumuzu kırar. Bu tüm kadınların onurunu kırdı. Bugün artık sadece ayaklanıp ağzımızı açacaksak her türlü istismarı kabul etmemeliyiz. Konuşmaya başlayan biri diğerinin gerçekleri söylemesi için bir yer açmış olur.

Bizi onurlandıran uygun sınırları koymayı öğrenmeliyiz. Her zaman onurlandırılmamızı garantilemek için kadınların koyması gereken sınırlar nelerdir? Önce, sınırları *hak ettiğimize* inanacağımız bir yere gelmeliyiz. Genellikle tehlike sinyallerini, bir şeyin doğru olmadığına dair işaretleri toplamayız. İstismar bir güç oyunudur. Bu, bizi kontrol eder ve manipüle eder. Sessiz kalırız, çünkü işimizi kaybetmekten korkarız; ardından gelecek sonuçlardan korkarız. Prezervatif kullanmayan bir adamla sevişmek üzereyken bile sessiz kalırız. "Kendime saygı duyuyorum ve beni tehlikeye atmana izin vermeyeceğim. Ya prezervatif kullanırsın ya da burayı terk edersin!" *demeliyiz.* Ama der miyiz? Korkudan, utançtan ve ayıp olur diye yeterince konuşmayız.

Sessizliğimizi koruduğumuzda, kuzuların sessizliği gibi, katliama sürükleniriz. Konuşamayacak kadar utangaçlaşırız. *Konuştuğumuz* zamanda almış olduğumuz tepkileri hatırlarız. Bize gülmüşlerdir, bunun bir şaka olduğunu düşünmüşlerdir. *Bizim* baş belası olduğumuzu hissettirmişlerdir ya da bize önem vermemişlerdir. Bu yüzden paylaşmamız ve söylememememiz bir kural olmuştur. Huzuru koru; dalga yaratma. İşte bu şekilde istismar devam eder.

Biz kadınların güç terazisini dengelemeliyiz. Şiddet ve cinsel istismar, kadınların en savunmasız olduğu iki alandır. Her türlü şiddete mantıklı bir tavırla yaklaşmayı öğrenmeliyiz. Her adama bağıran öfkeli sürtükler olmak zorunda değiliz ama kesinlikle sevgi ve şefkat dolu ve yine de demir eldivenle hareket eden kadınlar olmamız lazım.

Özdeğerimizi geliştirmeliyiz. Böylece hayır *diyebiliriz.* Gözlerimizi ve sinsice bize yaklaşan şeylere karşı sezgilerimizi açmalıyız. Hikâyeyi en baştan anlatın. Bunlara küçük şeyler deyin. Kötü davranışı hoş görmeyi reddedin. Yardım alın. Bir kerede son noktayı koyun. Erkekler paçayı sıyırabilecekleri şeyi bilirler ve sonra da biraz daha ya da biraz daha fazla denerler. Daha ne olduğunu anlatması çok zorken bu istismarcı tavrı durdurmalıyız. İstismarın ilk işareti nedir? Adamın farkında olun. Ayrıca, adamın reddedilmeyle karşılaşmasına hazır olun. Erkekler bu kılıfı uzun zamandır kullanmaktadır. "Kim ben mi? Ben asla bunu yapmam! Böyle bir şeyi hayatımda asla yapmadım!" Bazı erkekler çok hızlıdır, çok zariftir, çok deneyimlidir, çok profesyoneldir. Onların mazeretlerini kabul ettiğimizde, o zaman kadın erkekle gizlice çalışıyordur. Kadınlar kolaylaştırıcı olur. Sırrı koruduğumuz sürece toplumun yıkıcı gücünün parçası oluruz. Bu yüzden gerçekten sakladığımız sırlara bakmamız lazım. Kadınlar son derece dikkatli davranmakta, istismarcıları alıştırmakta, onları beslemektedirler. Artık *kendimizi* beslemenin zamanı gelmiştir.

Tüm yanıtları bilmiyorum ama kocaman bir ağzım var. Ne zaman insanların arasında olursam konuşacağım. Kadınları bu konularda kendilerini eğitmeleri, konuşmaları, kendilerini savunmaları ve olmaları gerekirse baş belası olmaları için onları cesaretlendireceğim. Toplu olarak, bu konuyu bir nesilde iyileştirebiliriz. Bizim başımızdan geçen şeylerden kızlarımızı koruyabiliriz.

Kadınlara kendilerini nasıl onurlandıracaklarını öğretmek için ders vermeye başlamamız lazım. Kendimizi hazırlamak için yollar geliştirmemiz lazım, bu yüzden şiddetin içinde kendimizi bulduğumuzda ya da şiddet üzerimize gelmek üzereyken seçeneklerimiz olur. Yangın alarmı talimini öğrenmek gibidir bu, buna her zaman hazırsınızdır ve güçlüsünüzdür. Özdeğeri, öz sevgiyi ve öz saygıyı geliştirmek gereklidir yoksa onurlandırılmayı ve korunmayı hak ettiğimize inanmayız.

Enerji bariyeri koymayı öğrenelim, kendimize korunuyor hissini veren zihinsel bir güç kalkanı oluşturalım. Kendimize her durumda, evde, işte, sosyal durumlarda güçlendirilmiş olmayı imgeleyelim. Yaşamınızda onurlanmadığınız ya da güçlenmediğiniz alanlara bakın. Bunu durdurmak için bir adak adayın. Zihninizde güç yaratmaya başlayın. Her durumda size nasıl davranılmasını istediğinizi imgeleyin. Güç için onaylamalar yapın.

Bu iyileşme sürecini başlatacaktır. Ve biz iyileşirken bunu otomatik olarak kızlarımıza öğreteceğiz.

Kitap okuyarak ve kendimizi geliştirerek, farklı seçeneklerimizin olduğunu, "akışa bırakmaktan" çok öğrenebiliriz. Sizin onurunuzu kırabilecek her türlü durumda nasıl baş etmek isteyeceğiniz konusunda hazırlık yapmak için zaman ayırın. İyi düşünülmüş, iyi planlanmış bir eylem biçimimiz varsa, o zaman *güçlenmişizdir*. Kendi kişisel öz saygımızı gerçekten anlamamız ve geliştirmemiz önemlidir. Ve doğru hissettirmeyen herhangi bir şeyin parçası olmak zorunda değiliz.

Etrafımızdakilere bize nasıl davranmaları gerektiğini öğretmemiz gerekir, onurumuzun kırılmak üzere olduğunu hissettiğimizde hayır dememiz gerek. "Etrafımızda olmak istiyorsan saygı göstermelisin," dememiz gerekir erkeklere. Arkadaş olmanın cinsel bir davet olmadığını öğrenmeliler. Damatların gelinin kız arkadaşıyla ya da kız kardeşiyle düğünden bir gece önce yatması, hepimizin onurunu kıran bir eylemdir. Bu sadece bir güç oyunudur, bağlılığı çiğnemek, dağın kralı olmaktır.

Kadınlar zamparalara köle olmayı durdurmalıdırlar. Akıllanalım. Zamparalar kadın yağmacılarıdır; kadınların onurunu kırarlar. Ne kadar zengin ya da yakışıklı olduklarının önemi yoktur, bize ihanet ederler. Kadınlar genellikle, "Ah, çok hoş biri" derler. Bu güç kırıcı davranışın bir mazereti yoktur. Çapkınların aklımızı başımızdan almasını engellemeliyiz; onlar sadece zamparalardır. Genellikle onları beğenerek ödüllendiririz. Ve yine de bizden onurumuzu alırlar. Erkeklerdeki iyi karakter özelliklerini onurlandıralım, bizi lekeleyecek olanları değil. Bu kadar heyecan verici görünen adam muhtemelen çocuğumuz varsa onların bakımını sağlamayacaktır.

Kadınlara olan öfke genellikle anneden gelir. Lütfen annesinden nefret eden bir erkekle evlenmeyin ya da bu adamla ilişkiye girmeyin. Çünkü zamanla bunun acısını sizden çıkaracaktır. Terapiye gitmeye istekliyse, o zaman bu davranış değişebilir. İsteksizse, o zaman kadınlardan sonsuza dek nefret edecektir. Kadınlar sessiz kaldığı sürece, istismarın devam etmesine izin veririz. Bu, benliğe, aileye, iş yerine ve topluma yönelik bir şiddettir, dünyamızın ve geleceğimizin gücünü zayıflatan benliğe, aileye, iş yerine ve topluma yönelik bir istismardır.

Jennifer Coburn'ün kitabını mutlaka okuyun, *Take Your Power Back: A Working Woman's Response to Sexual Harrassment* ve Miro Kirshenbaum'un *Too Good to Leave, Too Bad to Stay: A Step-by-step Guide to Help You Decide Whether to Stay in or Get out of your Relationship*. Her ikisi de kişisel gelişim için size birçok yön veren güçlü araçlardır.

Daha da önce dediğim gibi, erkeklere ve taşıdıkları yüklere büyük şefkat duyuyorum. Ama bu istismarı hoş göreceğimiz anlamına gelmiyor. Bu konu üzerinde asla sessiz kalmayacağım. En azından kadınlar için bunu yapabilirim!

Kendimizi Onurlandıracak Onaylamalar

Ben değerli bir insanım.
Bana her zaman saygıyla davranılıyor.
Ben güçlüyüm.
Diğer kadınları destekliyorum.
Kendim için kolayca konuşuyorum.
Sınırlarımın olmasını hak ediyorum.
Sınırlarıma saygı duyuluyor.
Gerektiğinde dalga yaratıyorum.
İyi destekleyici bir takıma sahibim.
Bütünlüğe sahibim.
Ne kadar açıksam o kadar güvenliyim.
Özdeğerim çok güçlü.
Diğer kadınları iyileştiren bir kadınım.
Güçlü bir enerji bariyerine sahibim.
Hayatımdaki erkekler kadınları onurlandırıyor.
Gücümü geri alıyorum.
Kendimi seviyorum ve onurlandırıyorum.

DOKUZUNCU BÖLÜM

DOKUZUNCU BÖLÜM

Yaşlanmak: Yaşam Kalitenizi Geliştirin

Genç kültür üzerindeki aşırı vurgu yeter artık! Kendileri olabilmeleri ve bu dünyada gerçekten onurlu bir yer bulabilmeleri için yaşlı kadınlara yardım etme zamanıdır. Tüm kadınların öz sevgiyi, özdeğeri, öz saygıyı ve yaşlandıkça toplumda güçlü bir yer edindiklerini görmek ve buna yardım etmek istiyorum. Bu daha genç olan neslin değerini küçültmek değil, nesiller arasında en olumlu şekilde gerçekten "eşitliği" sağlamaktır.

Şu andaki yaşlı olan kadınların durumuna bakınırken, "sağlığın bozulması" hakkındaki vazgeçme hissini, korkuyu, kötü sağlığı, fakirliği, yalnızlığı o kadar çok görüyorum ki. Bu şekilde olması gerekmediğini biliyorum. Şu andaki yaşlanma şeklimiz, bizi programladıkları şekilde gerçekleşiyor, çünkü bunu kabul ettik. Toplum olarak bazı istisnalar hariç. Bu şekilde yaşlanıp, hastalanıp, bunak, zayıf olarak öleceğinize inanır olduk. Bunun artık gerçek olması gerekmiyor. Evet, zamanı gelince öleceğiz ama hastalık, bunaklık ve zayıflık deneyimlemek zorunda olmayacağımız bir seçenektir.

Artık bu korkuları kabul etmemeliyiz. Yaşlanmanın olumsuz yönlerini tersine çevirmemizin zamanı geldi. Yaşamlarımızın ikinci yarısı ilk yarısından daha harika bile olabilir. Düşünce biçimimizi değiştirmeye ve yeni inançları kabul etmeye istekliysek, bu yıllarımızı "hazine yılları" yapabiliriz. Başarılı bir şekilde yaşlanmak istiyorsak, o zaman böyle yapmak için bilinçli bir seçim yapmalıyız. Uzun ömürden daha fazlasını isteriz. Önümüzde zengin ve tatmin edici yılların olmasını isteriz. Sonradan eklenen yıllar boş bir levhadır. Onların üzerlerine yazdıklarımız fark yaratacaktır.

Tarih bize çok kısa yaşam sürmeye alışkın olduğumuzu gösteriyor, eskiden yirmili yaşlarımızda, sonra 30'larımızda ve sonra 40'larımızda ölümü tattık. Bu yüzyıla girdiğimizde de 50 yaş yaşlılık olarak görüldü. 1900'de yaşam umudu 47 yıldı. Şimdi 80 yaşı normal bir yaşam ömrü olarak kabul ediyoruz. Neden bilincimizde bir kuantum sıçraması yapmıyor ve 120 ya da 150 yılı kabul etmiyoruz?

Bu ulaşamayacağımız bir şey değil. Bir ya da iki nesilde çoğumuz için çok daha uzun yaşamanın normal ve doğal olduğunu görüyorum. 75 yaşın yeni orta yaş olacağına inanıyorum. Birkaç yıl önce, bir üniversitede yaşlanmayla ilgili bir çalışma yapıldı. Araştırmacılar hangi yaşın orta yaş olduğuna inanıyorsanız o yaşta yaşlanma sürecine bedenin başlayacağını keşfettiler. Gördüğünüz gibi, beden zihnin karar verdiğini kabul ediyor. Bu yüzden, 45 ya da 50 yaşı orta yaş olarak kabul etmek yerine bunun şu anda 75 olduğuna kolayca karar verebiliriz. Beden bu inancı da isteyerek kabul edecektir. Yaşamın farklı aşamalarını nasıl göreceğimizi yeniden şekillendirebiliriz.

North Carolina Durham'daki Demografik Çalışmalar Merkezi 1960'dan beri yaşlanma kalıpları oldukları gibi devam ederse teorik yaşam limitinin 130 yılı aşabileceği sonucuna varmışlardır. Daha 1960'larda, yüz yaşında olan yaklaşık 3,500 insan vardı. 1995'te sayıları yaklaşık 54000 oldu. Bu yaş grubu en hızlı artan grup. Hiçbir insanın yaşayamayacağı belli bir yaşla ilgili ipucunun olmadığını bulmuştur bir çalışma. Ayrıca en yaşlı insanların muhtemelen çoğunlukla kadınların olduğuna inanmışlardır.

Nesillerdir, kaç yıldır bu gezegen üzerinde olacağımıza ve nasıl davranacağımıza tekabül edecek sayılara izin verdik. Yaşamın diğer alanlarında da olduğu gibi, yaşlanmayla ilgili zihinsel olarak kabul ettiğimiz ve inandığımız şey bizim için gerçek olur. Bu yeni kavramları kabul ederek, yaşlanma sürecini olumlu, enerjik ve sağlıklı bir deneyim yapabiliriz.

Şimdi 70 yaşımdayım ve büyük, güçlü, sağlıklı bir kızım. Birçok şekilde, 30 ya da 40 yaşındakinden daha genç hissediyorum, çünkü toplumun belli kurallarına uyma baskısını hissetmiyorum artık. İstediğimi yapmakta özgürüm. Onay arama arayışımı bıraktım ve artık kimsenin söylediğini umursamıyorum. O yükleri taşımak zorunda olmadığım için daha dik yürüyorum ve kendimi çok daha sık memnun ettiğimi fark ediyorum. Eş baskısı kesinlikle daha az önemli oldu. Başka bir deyişle, yaşamında ilk kez, kendimi ön plana alıyorum. Ve bu iyi hissettiriyor!

Daha uzun yaşamdan bahsettiğimde, birçok kadın "Tüm o yılları hasta ve zayıf geçirmek istemem" diye düşünür. Yeni düşüncelere ve yeni olasılıklara kapı açtığımızda, zihinlerimizin hemen sınırlı düşünceye dalması inanılmaz değil mi! Sonraki yıllarımızı yoksulluk, hastalık, yalnızlık ve hastane ölümleriyle eşit tutmak zorunda değiliz. Şu anda etrafımızda genellikle gördüğümüz buysa, geçmiş inanç sistemlerimize bağlı olarak yarattığımızdandır. Bugün düşünmeyi ve inanmayı seçtiğimiz şey yarınlarımızı yaratacaktır. İnanç sistemlerimizi daima değiştirebiliriz. Eskiden dünyanın düz olduğuna inanıyorduk. Şimdi bunun doğru olmadığını biliyoruz.

Daha önce de dediğim gibi, yaşam dalgalar hâlinde gelir ve deneyimlerle öğrenilir, evrim süreçlerinden oluşur. Şu anda yeni bir evrim sürecindeyiz. 1946 ile 1964 yılları arasında doğanlar bilinçteki bu dramatik değişimin ilk karşısında olanlardı. Bugün 50 yaşında olanlar hiç olmadığı kadar daha iyi bir görüntüye sahipler. Şimdiki başbakanımız Bill Clinton daha 50 yaşına yeni girdi ve genç bir adam gibi duruyor. Bugün nüfus artışının desteklendiği dönemde doğanların çoğu 90'larına kadar kolayca yaşayabiliyorlar. Neredeyse iki yetişkinlik yaşıyor gibiyiz. Ve şimdi ne kadar uzun yaşayabileceğimizin sınırlarının olmayabileceğini öğreniyoruz, bu tamamen bize bağlı ve yaşlanmayla ilgili yeni fikirleri çok çabuk yakalayıp kabul edebileceğimizi görüyoruz.

Daha uzun yaşamlar sürdükçe, toplumumuzu, sigortamızı ve sağlık bakımımızı sürekli yapılandıracağımız yolları tamamen yenilemek zorunda olduğumuz konusunda hemfikirim. Ama bu yapılabilir. Evet, hepimiz için engin bir değişim sürecidir. Eski yaşam biçimine devam edip sonra da yaşamlarımızın değişmesini bekleyemeyiz. Yeni düşünme biçimi, yeni fikirler ve bir şeyleri yeni yapma şekilleri şu anda geçerlidir.

Şu andaki iskan formumuz bile insani niteliklerden ve yakınlıklardan uzaklaşmıştır. Farklı bir mimariye ve yaşam biçimlerine ihtiyacımız olduğuna inanıyorum. Tüm kurallarıyla ve düzenleriyle apartman daireleri ve emeklilik kasabaları yaşları büyük olanları hayattan koparıyor. Çocuklar ve büyük ebeveynler nerede? Sevinç ve kahkaha nerede? Bence daha toplum içinde yaşamamız gerekiyor. Daha çok dublekse ihtiyacımız var, iki akraba ailenin birbirlerinden ayrı olmayan yan yana yaşabilecekleri evlere ihtiyaç var. Çok daha fazla dört katlı ya da iki katlı bitişik nizam ev yapabilirdik, iki aile üst katlarda yaşar ve diğer iki katı gelir olsun diye kiraya verebilirlerdi. Bu yaşlılarla çocukları bir araya getirmeye yardımcı olabilir. Çocuklar yaşlıları genç tutar ve yaşlılar da çocukların yaşamlarına bilgelik ve anlam katar. Birkaç nesli bir arada yaşama ya da yan yana yaşama için büyük aile hâline dönmesi açısında topluma yarar sağlar.

Son birkaç yılda, "yaşımdan" dolayı, çeşitli emeklilik toplumlarından ve "*Homes for Active Seniors*" lardan davet mektupları alıyordum. "Hemşire kontrolünde bakım üniteleri," "Destekli Yaşam Hizmetleri avantajları," "24-Saat Acil Tıbbi Hizmetler" ve "tıbbi gözetim" gibi ifadeler kullanıyorlar. Aslında söyledikleri şu; "hasta olduğunuz ZAMAN, biz yanınızda olacağız." Bence böyle bir düşünce yapısı yaşlı insanların hasta OLACAKLARINA inanmaları için programlıyor.

Birinin holistik sağlık merkezini de içeren bir emeklilik toplumu oluşturmasını isterim. Geleneksel hemşireler ve doktorlar yerine, elle tedavi, akupunktur, homeopati, geleneksel Çin tıbbı, beslenme ve bitki bilim, masaj, yoga, bir sağlık kulübü ve vs. bulabileceğiniz bir yer. Burası herkesin sağlıklı, tasasız sonraki yılları iple çekebileceği bir yer olacaktır. Böylesi bir olanağın bir bekleme listesinin olacağından eminim. Gelecekte bunların emeklilik evleri olmasını isterim.

Yarattığımız gençliğe tapan kültür, bedenlerimizle ilgili rahatsızlığa rahatsızlık eklemiştir, kırışıklık korkumuzdan bahsetmiyorum bile. Bedenimizdeki ve yüzümüzdeki her değişime küçümsenecek bir şey gibi bakıyoruz. Kendimizle ilgili hissetmeyi seçtiğimiz ne korkunç bir yol. Yine de, bu sadece bir düşüncedir ve bu düşünce değiştirilebilir. Bedenlerimizi ve kendimizi algılamayı seçme biçimimiz öğrenilmiş bir kavramdır. Herkesin bu yanlış düşünceleri reddettiğini ve kendilerinin büyüleyici benliklerini, içeride ve dışarıda, sevdiklerini ve değer verdiklerini görmek istiyorum.

Kendini iyi hissetmeyen genç kız, bedeninden nefret etmek için sık sık nedenler arayacaktır, kusurlu olan yerlerinin olduğuna inanacaktır. Reklam dünyası tarafından üzerimize binen yoğun baskıya bağlı olarak, bedenlerimizde yanlış bir şeylerin olduğuna inanıyoruz genellikle. Yeterince zayıf, yeterince sarışın, yeterince uzun olabilseydik, burunlarımız daha büyük ya da daha küçük olsaydı, daha çekici bir gülümseyişimiz olsaydı, vs. bu liste uzar gider. Bu yüzden, bir noktada hepimiz genç olduğumuz zamanda, çok azımız şu anki güzelliğin standartlarını karşılamıştır.

Yaşlandıkça, aşağılık duygularını kendimizle taşırız. Yazar Doreen Virtue'nun dediği gibi "kendi *içimizi* diğerlerinin *dışıyla* kıyaslamanın" birçok yolunu buluruz. Kendi içimizde hissettiklerimizi başkalarının dışarıdan nasıl göründükleriyle kıyaslıyoruz. Yeterince iyi olmadığımızla ilgili bu içselleşmiş hisler giyinerek, makyaj yaparak ya da diğer yüzeysel şeylerle asla iyileştirilemez. Bilinçli ya da bilinçsiz olumsuz düşünceleri kendimizi sevdiğimizle ilgili cümlelerle değiştirelim, yani onaylamalarla çalışalım: "Olduğum hâlimle güzelim" ve "Göründüğüm hâlimi seviyorum" gibi cümleler kalıcı değişimler yapmamız için bize yardım edecektir.

Kendi sağlığımız için kendimizi sürekli sevmek ve takdir etmek çok önemlidir. Bedeninizde mutlu olmadığınız bir bölümünüz varsa, o zaman bir ay ayırın ve sürekli o bölgeye sevgi gönderin. Kelimenin tam anlamıyla bedeninize onu sevdiğinizi söyleyin. Bu alıştırma kulağa basit gelebilir ama işe yarıyor. Bedenlerimizi sevmek yaşamlarımızın herhangi bir aşamasında önemlidir. Ve yaşlandıkça daha da önemlidir.

Esinlendirici kaseti *Lighten Up*'ta Carol Hansen kadınların günde beş dakikalarını ayırıp bedenlerine losyonla masaj yapmalarını, her parçasını sevdiklerini ve onlara hizmet ettikleri için teşekkür etmelerini istiyor. Dr. Deepak Chopra (*Ageless Body, Timeless Mind*'ın yazarı) duştan hemen önce susam yağıyla baştan ayağa masaj yapmayı önermektedir. Sevilen herhangi biri, yer veya şey en iyisi olarak karşılık verecektir. Şu anda kendiniz için yarattığınız sevgi hayatınızın sonuna kadar sizinle kalacaktır. Kendimizden nefret etmeyi öğrendiğimiz gibi kendimizi sevmeyi de öğrenebiliriz. Sadece biraz istek ve biraz çalışma gerektiriyor.

Bazen yeni düşünceler ve yeni fikirler kazanmak için, zihinlerimizden tüm eski olumsuz düşünceleri önce temizlememiz lazım. Yaşamlarımızdaki eski çöpleri düzenli olarak temizleyelim. Çoğu yaşlı insan "depresyon" tutumuna sahiptir, artık ihtiyaçları olmayan şeyleri saklıyorlar. Evinizde artık işinize yaramayan şeyler varsa, bu şeyleri atın. Bunları evsizlere ya da onlara gerçekten ihtiyaçları olan birilerine verin. Garaj satışı yapın. Yaşamınızı temizleyin, eski çöpleri ve geçmişteki anıları atın. Yaşamınıza devam edin.

Yaşamınız Daima Işıldar

Yılların geçiyor olması yaşamlarımızın niteliğinin otomatik olarak kötüleşeceği anlamına gelmez. Hayatımın farklı yönlere yöneldiğini, hepsinin de eşit derecede iyi olduğunu görmeyi seçiyorum. Hatta bazı şeyler gençliğimde olduğundan çok daha iyi. Gençlik yıllarım korkuyla doluydu; bugünlerimse güvenle dolu.

Bu korkuların çoğunun gerçekten gereksiz olduğuna inanıyorum. Bu bize öğretilmiş olan bir şeydir. Bu doğrultuda programlandık. Bu sadece davranışsal düşünme kalıbıdır. Ve bu değiştirilebilir. Olumsuz düşünme birçok kadının sonraki yıllarında oldukça geçerlidir. Sonuç olarak, yaşamlarını memnuniyetsizlikle yaşarlar.

Sonraki yıllarınızda bilinçli ideal bir yaşam yaratmanıza yardım etmek istiyorum, bunların yaşamınızın en ödüllendirici yılları olabileceğini anlamanıza yardım etmek istiyorum. Geleceğinizin her zaman parlak olduğunu bilin, yaşınız kaç olursa olsun. Sonraki yıllarınızın servet değerinde olduğunu görün. *Büyük Mükemmellik* olabilirsiniz, güçlü, aktif, canlı, yaşınız kaç olursa olsun toplumun bir parçası olabileceğinizi bilen biri olabilirsiniz.

Sessizce otururken, dikkatinizi içinize çevirin. Her zaman neşeli olduğunuzu düşünün ve bedeninizin bu sevinci hissetmesine izin verin. Her zaman kazanan olduğunuzu hatırlayın, gururlandığınız bir şeyi yaptığınızda, küçük bile olsalar o zamanları hatırlayın. Bu hisler size her zaman yakın olsun, bu sevinç ve bu güveni hissedin. Şimdi önünüzdeki on yıla bakın. Ne yapıyor ve ne olduğunuzu görüyorsunuz? Nasıl görünüyorsunuz? Nasıl hissediyorsunuz? Sevinci beraberinizde taşıyor musunuz? Şimdi 20 yıl sonrasına gidin. Ne görüyorsunuz? Canlı, tetikte ve yaşamla ilgili misiniz? Sizi seven arkadaşlarla mı çevrilisiniz? Sizi tatmin eden şeyleri mi yapıyorsunuz? Hayata ne katıyorsunuz? Şu anda geleceğinizi imgeleme ve yaratma zamanıdır. Olabileceğiniz kadar sağlıklı, parlak ve neşeli kılın yaşamınızı. Bu sizin yaşamınız ve bunu yaşayacak olan sizsiniz.

Sizin için çok geç olduğunu ya da hayal edemeyecek ve hedefleri olamayacak kadar yaşlı olduğunuzu sakın düşünmeyin. Hayaller ve hedefler bizi genç tutar ve yaşamla ilgilenmemizi sağlar. Dolu dolu yaşayın ve geçmişi unutun.

40'lı yaşlarımın ortasına gelene kadar kendi yaşamımın gerçekten bir anlamı yoktu. 50 yaşında, çok küçük ölçekli bir yayıncılık şirketi kurdum. İlk yıl 42 dolar kâr ettim. 55 yaşında, bilgisayar dünyasına girdim. Beni korkutmuşlardı ama ders aldım ve korkumu yendim. Bugün, üç bilgisayarım var ve dizüstü bilgisayarımı tüm seyahatlerimde yanımda taşıyorum. 60 yaşında, ilk bahçeme sahip oldum. Aynı zamanda, çocuk sanat sınıfına kaydoldum ve resim yapmaya başladım. Şimdi 70 yaşında, her geçen yılla, daha yaratıcıyım ve hayatım zenginleşiyor ve tatmin oluyorum. Yazıyorum, seminer veriyorum, öğretiyorum. Sürekli okuyor ve çalışıyorum. Çok başarılı bir yayınevine sahibim. Kararlı, organik ürünler yetiştiren bir bahçıvanım. Kendi yiyeceğimin büyük bir kısmını yetiştiriyorum. İnsanları ve partileri seviyorum. Sevecen çok arkadaşım var. Çok fazla seyahat ediyorum. Ayrıca haftada bir kez sanat dersine gidiyorum. Yaşamım gerçekten deneyimlerden oluşan bir hazine sandığı gibi.

Kendim gibi çoğunuz şu anda yaşlılar grubuna doğru hareket ediyorsunuz. Yaşamı farklı açıdan görmenin zamanıdır artık. Ebeveynlerinizin yaptığı gibi sonraki yıllarınızı bu şekilde yaşamak zorunda değilsiniz. Siz ve ben yeni bir yaşam biçimi yaratabiliriz. Tüm kuralları değiştirebiliriz. Geleceğimize doğru hareket ederken, içimizdeki hazineleri bilir ve kullanırsak, o zaman önümüzde sadece iyi olan yatar. Başımıza gelen her şeyin en iyi yararımıza ve en büyük sevincimiz olduğunu bilelim ve onaylayalım, bunun için yanlış yapmadığımıza gerçekten inanalım.

Sadece yaşlanmak ve boş verip ölmek yerine, yaşama büyük bir katkıda bulunmayı öğrenelim. Zamanımız var, bilgimiz var ve dünyaya sevgi ve güç getirme bilgeliğine sahibiz. Toplum bu zamanda birçok meydan okumayla yüzleşiyor. Dikkatimizi gerektiren global doğanın birçok sorunu ve konuları vardır. Gezegene yardım etmek için enerjilerimizi nereye yönlendireceğimize bakalım. Daha uzun yaşamamızın bir sebebi olmalı. Bu ekstra zamanla ne yapmamız gerekiyor? Sadece "oyunlar" oynayacaksak, bir süre daha sıkıcı olacaktır.

Siz, akrabanız ya da bir arkadaşınız şu anda bir yaşlılar merkezindeyse, rahatsızlıklarınız hakkında konuşmak yerine bir araya nasıl toplanacağınız ve toplumu nasıl geliştirebileceğiniz hakkında konuşun. Yaşamınızı herkes için nasıl daha iyi bir hâle getirebilirsiniz? Katkınız ne kadar küçük olursa olsun bunun bir anlamı vardır. Tüm yaşlılar bir şey katarlarsa, ülkemizi geliştirebiliriz.

Toplumun tüm kısımlarında kendimizi aktifleştirerek, bilgeliğimizin tüm seviyelere damla damla ulaşacağını göreceksiniz, böylece ülkemizi sevecen bir yere dönüştürebiliriz. Size ısrar ediyorum: İlk adımı atın, sesinizi yükseltin, küçük dünyanızdan çıkın ve YAŞAYIN! Gücünüzü tekrar kazanmak ve torunlarınıza ve onların torunlarına bırakarak gurur duyacağınız bir miras yaratmak için bir fırsatınız vardır.

Okuldaki çocuklara daima sorulur, "Büyüdüğünüzde ne olmak istiyorsunuz?" Onlara geleceklerini planlamayı öğretiyoruz. Aynı tavrı edinmemiz ve sonraki yıllarımızı planlamamız gerekiyor. Yaşlandığımızda ne olmak istiyoruz? Ben Büyük Mükemmellik olmak istiyorum, elimden geldiğince topluma katkıda bulunmak istiyorum. *Gray Panthers* grubunun baş eylemcisi Maggies Kuhn "Elimde bavulumla, bir işi tam başarıyla bitirmişken bir havaalanında ölmek istiyorum" derdi.

14, 40 ya da 80 yaşında da olsak, yaşlanma sürecindeyiz ve gezegeni terk etme yönünde ilerliyoruzdur. Söylediğimiz, yaptığımız ve düşündüğümüz her şey bizi bir sonraki adıma hazırlıyor. Farkındalıkla yaşlanalım ve farkındalıkla ölelim. Hepimizin kendimize soracağımız iyi bir soru: "Nasıl yaşlanmak istiyorum?" Etrafınıza bakın. Acınacak şekilde ve muhteşem şekilde yaşlanan kadınların farkına varın. Bu iki farklı kadın gruplarının farklı yaptığı şey nedir? Sağlıklı, mutlu ve sonraki yıllarınızda tatmin olmak için çabalamaya istekli misiniz?

Bir sonraki soru ise şudur: "Nasıl ölmek istiyorum?" hayatlarımızda birçok soruyu düşündük ama nadiren kendi ölümümüzü korkmadan düşündük. Ebeveynlerinizin nasıl öldüğünün önemi yok, gezegeni terk edişiniz sizin için olumlu bir deneyim olabilir. Ölümünüze nasıl hazırlanıyorsunuz? Son nefesinizi bir hastane yatağında, tüplere bağlı şekilde hasta ve umutsuz olarak mı vermek istersiniz? Yoksa gitme zamanınız geldiğinde arkadaşlarınızla bir öğleden sonra partisi yapıp, sonra şekerleme yapıp uyanmamak mı istersiniz? Kesinlikle parti yapmayı tercih ederim ve kendimi programlarım, böylece yaşamım bu şekilde sona erer. Şu andaki ölüm hayaliniz olumsuzsa, bunu her zaman değiştirebilirsiniz. Hepimiz ölümü huzurlu ve neşeli bir deneyim hâline getirebiliriz.

Gezegensel ya da küresel şifacılık demek, dış dünyanın içimizdeki enerji kalıplarının bir yansıması olduğunu deneyimlemek demektir. Şifa sürecinin önemli bir parçası yaşamın bütünlüğünü kabul etmek ve buna katkıda bulunmaktır ve dünyaya olumlu şifa enerjisi göndermektir. Burası çoğumuzun kendi enerjilerimizi sıkıştırdığımız yerdir, iyileştirici güçün ve paylaşmanın farkında olmadığımız yerdir. İyileşme sürekli bir süreçtir. Sevgiyi paylaşacak kadar "iyileşmeden" asla böyle bir şey yapma fırsatımız olmayabilir.

"Ah, bunu ya da şunu yapmak için çok yaşlıyım" deyişi asla yapamayacaklarını söylediğimiz şeyleri yaşlıların başardıklarını görünce tamamen demode olacaktır. "Çok yaşlı" olma düşüncesi ölmeden kısa bir süre öncesi olabilir ancak. Son günlerimize kadar yaşamı dolu dolu yaşayamamak için bir sebep yoktur.

Dallas'ta bir kadın grubu var, yaşları 62 ile 80 arasında, düzenli olarak karate çalışıyorlar. *Çelik Manolyalar* isimli bir karate gösteri grubu oldular. Yaşlı kadınlar için karatenin bir spor olabileceğini kanıtlayan çeşitli merkezlere gidiyorlar. Ayrıca, bu kadınlar herhangi bir saldırıya uğradıklarında kendilerini kolayca savunabilirler.

Ayrıca ülkede bir araya gelip borsaya yatırım yapan yaşlı kadın grupları da var. Bu gruplardan bazıları oldukça başarılı oldu. Illinois'te bir grup *The Bearstown Ladies Common Sense Investment Guide* isimli bir kitap yayınladı. Bu kitap üç yüz bin sattı.

Pennsylvania'da yapılan son çalışma ağırlık kaldırma egzersiz programına katılan 80'lerinde ve 90'larındaki yaşlıların bedenlerini yenileyebildiklerini keşfetmişlerdir. Yıllarca hareketsiz olan kasların kontrolünü yeniden kazanabiliyorlar. Genellikle yaşla ilgili bu güçsüzlük aslında yıllarca hareketsiz olmanın etkisidir. Eğitimciler 90'larında olan insanların iki aydan daha kısa bir sürede güçlerini kazanabildiklerini görmüşlerdir. Bu egzersizin onların zihinlerinde uyarıcı bir etkisi vardır.

Biz kullanmayı bırakmadığımız sürece beynin sulanmadığını ve ölmediğini keşfediyoruz. Zihinsel uğraşlarla ve egzersizlerle kendimizi uyardığımız sürece, yaşama ilgi duyduğumuz sürece, beyinlerimiz tetikte olur. Beyinlerimize meydan okumadığımızda yaşam gerçekten sıkıcı ve bunaltıcı olur. Hiç egzersiz yapmayan ve sadece hastalıklarından bahseden insanların yaşamları ne kadar küçük ve dardır.

Neredeyse yaşlı insanlar üzerinde yapılan tüm araştırmalar ilaç endüstrisi tarafından yapılmıştır, rahatsızlık üzerine ve yaşlıların ne "sorunları" olduğu ve hangi ilaçlara ihtiyacımız olduğu üzerinedir. Sağlıklı, mutlu, tatminkâr ve yaşamlarından zevk alan yaşlı insanlar üzerinde daha derin araştırmaların yapılmasına ihtiyaç vardır. Yaşlı insanların nelerinin "doğru" olduğu üzerinde çalışırsak, sağlıklı bir yaşama nasıl sahip olabileceğimizi biliriz. Ne yazık ki, ilaç şirketleri sağlıklı insanlar üzerinden para kazanamaz bu yüzden çalışmalarını bu konular üzerinde asla yapmazlar.

Yaşımız kaç olursa olsun, hangi sorunlarımız olursa olsun, bugünden olumlu değişimler yapmaya başlayabiliriz. Kendimizi sevmeye ve sevgiyle muamele etmeye istekli olduğumuz sürece, sevmeyi öğreneceğiz. Her gün kendimizi biraz daha seversek, başkalarından gelecek sevgiye o kadar açık oluruz. Sevgi Yasası dikkatimizi *istemediğimizden* çok *gerçekten* istediğimiz şeye odaklanmamızı gerektirir. Kendinizi sevmeye odaklanın. Şu onaylamayı kullanın: "*Şu anda kendimi her yönümle seviyorum.*"

Yaşlandığımızda saygı görmek ve onurlandırılmak istiyorsak, o zaman bugün hayatımızda olan yaşlılara saygı göstererek ve onları onurlandırarak bir temel oluşturmalıyız. Bugün yaşlılara davranma biçimimiz yarın bize davranma biçimi olacaktır. Sadece söylediklerini tekrar dinlemek değil, canlı, yaşlı olan kadınlarımızın yeni seslerini de dinlemeliyiz. Onlardan öğrenecek çok şeyimiz var. Bu kadınla enerjiyle, bilgelikle ve bilgiyle dolup taşıyor. Yaşamı bir uyanma yolu olarak görüyorlar; yaşlanmak yerine sadece büyümeye devam ediyorlar.

Gail Sheehy'nin *New Passages: Mapping Your Life Across Time* kitabını okumanızı kesinlikle tavsiye ederim. *The New Map of Adult Life* ile ilgili anlayışı ve önümüzde duran değişim olasılıklarıyla ilgili görüsü zamanla hepimizin Büyük Mükemmeller olmamıza yardım etmek isteyen bir yere dokundu kalbimde. Ne kadar genç olduğunuzun bir önemi yok. Muhtemelen uzun bir yaşam yaşayacaksınız ve şimdi sonraki yılları sevinçli, tatmin edici bir şekilde yaşamak için hazırlanmanın zamanıdır.

Bu olumlu değişimleri yapmak için yardımcı olacak bir yol, onaylamaları kullanmaktır. Kullandığımız düşünceler ve kelimeler onaylamalardır. "Onaylamalar yapmak" yeni yaşam biçimlerini kabul etmek için zihinlerimizi bilinçli olarak yeniden programlayacak olumlu cümleler yaratmaktır. Bir büyük olarak, bir Büyük Mükemmellik olarak sizi güçlendirecek onaylamaları seçin. En azından her gün birkaçını onaylayın, önce sabah bir şey ve sonra akşam bir şey. Gününüze olumlu bir notla başlayın ve gününüzü olumlu bir tanesiyle bitirin.

Büyük Mükemmellik Olmak için Onaylamalar

Önümde uzun bir yaşam var.
Her yaşta genç ve güzelim.
Topluma tatmin edici ve üretken yollarla
katkıda bulunuyorum.
Mali durumumun, sağlığımın ve geleceğimin kontrolü bende.
Temas kurduğum herkes tarafından saygı görüyorum.
Yaşamımdaki çocuklara ve gençlere saygı duyuyor
ve onları onurlandırıyorum.
Her günü enerji ve sevinçle selamlıyorum.
Her günü dolu dolu yaşıyorum.
Geceleri iyi uyuyorum.
Her gün yeni ve farklı düşünceler düşünüyorum.
Hayatım muhteşem bir maceradır.
Yaşamın sunduğu tüm deneyimlere açığım.
Ailem beni destekliyor ve ben de onları destekliyorum.
Sınırlanmıyorum.
Çekinmeden konuşuyorum; toplumdaki liderler tarafından

sesim duyuluyor.
İçimdeki çocukla oynamak için zaman ayırıyorum.
Meditasyon yapıyorum, sessiz yürüyüşlere çıkıyorum
ve doğanın tadını çıkarıyorum;
yalnız başıma zaman geçirmeyi seviyorum.
Kahkaha hayatımın büyük bir parçası;
hiçbir şeyi gizlemiyorum.
Gezegeni iyileştirme yollarını düşünüyorum
ve onları uyguluyorum.
Yaşamın uyumuna katkıda bulunuyorum.
Dünyada tüm zamana sahibim.
Sonraki yıllarım hazine değerindedir.

İyileştirici Meditasyon

Her geçen yıldan haz duyuyorum. Bilgi servetim artıyor ve bilgeliğimle temastayım. Attığım her adımda koruyucu melekleri hissediyorum. Nasıl yaşayacağımı biliyorum. Kendimi nasıl genç ve sağlıklı tutacağımı biliyorum. Bedenim her an yenileniyor. Canlı, neşeli, sağlıklı, tamamen enerjiğim ve son günüme kadar katkıda bulunuyorum. Yaşımla barışığım. Sahip olmak istediğim türden ilişkiler yaratıyorum. İhtiyacım olan zenginliği yaratıyorum. Nasıl galip olacağımı biliyorum. Sonraki yıllarım Hazine Yıllarımdır ve Büyük Mükemmellik oluyorum.

Şimdi elimden geldiğince yaşama katkıda bulunuyorum, kendimin sevgi, sevinç, huzur ve sonsuz bilgelik olduğumu şimdi ve sonsuza dek biliyorum.

ONUNCU BÖLÜM

ONUNCU BÖLÜM

Mali Olarak Güvenli Bir Gelecek Oluşturmak

Kadınlar yaşamları boyunca erkekler tarafından korunmuştur. Erkekler genellikle kadınların "güzel kafalarını maddi şeylerle kurcalamalarına" gerek yok tavrını takınmışlardır. Baba ve koca tüm bunların icabına bakacaktır. Bu nedenle kadınlar boşanmaya ve dulluğa hazır olamaz. Bizim güzel kafalarımız para idaresiyle ilgili şeyleri öğrenmekten çok daha fazlasını yapabilir. Okullarda kızların neredeyse tümü matematikte erkeklerin önündedir.

Bugün kadınların bankacılık ve yatırım hakkında daha fazla şey öğrenme zamanıdır. Mükemmel ölçüde yeterliyiz. Her kadının mali olarak bağımsız olmaya ihtiyacı vardır ama nadiren okulda ya da evde parayla ilgili şeyler öğretilir bize. Bize ekonomi dünyasıyla ilgili bir şey öğretilmez. Geleneksel ailede, erkek paranın icabına bakar ve kadın da çocukların ve temizliğin icabına bakar. Çoğu kadın erkeklerden çok daha iyi parayla baş edebilir. Bazı erkekler de kadınlara göre temizlik ve yemek pişirmenin icabına daha iyi bakabilir. Mali durumun erkeklerin dünyasına ait olduğunu söylemek, kadınları yerinde tutmanın bir başka yoludur.

Çoğu kadın *finans* kelimesinden korkar, çünkü bu yeni bir konudur. Kadınların anlamayacağına dair bu eski düşüncenin ötesine geçmek zorundayız bence. Bir şeyleri bilmediğimizi düşünüyoruz ama zannettiğimizden çok daha zekiyiz ve öğrenebiliriz. Ders almaya, kaset dinlemeye, kitap okumaya ve çalışma grupları yaratmaya ihtiyacımız var. Parayla ve finans dünyasıyla ilgili daha çok şey öğrendiğimizde, bundan bu kadar korkmayacağız.

Burada San Diego'da kâr amacı gütmeyen bir grubumuz var, *Women's Institute of Financial Education ve Consumers Credit Counselors* gibi gruplar ücretsiz kurs veriyor. Çoğu kolej ve üniversiteler akşamları veya hafta sonları sürekli eğitim programlarıyla kurs sunmaktadır. Bu derslerin hedefi kadınlara yardım etmektir, böylece kadınlar parayı kullanmak ve yatırım yapmak için daha rahat oluyorlar. Bu kadınlara güven veriyor. Eminim yaşadığınız yerde de aynı türde dersler vardır. Onları araştırın.

Tüm kadınların paradan, finanstan ve yatırımdan anlamaya ihtiyacı vardır. Mutlu bir evliliğiniz olsa bile, ev kadını olmayı ve çocuklarınızı sevseniz de bu şeyleri öğrenmeye ihtiyacınız var. Ya kocanız aniden ölürse ya da sizden boşanırsa ve tek başınıza çocuklarınızı büyütmek zorunda kalırsanız? İşte, eğitim almamışlarsa kadınların başı derde giriyor. Fırsatınız varsa bu konuları öğrenin. Buna ihtiyacınız olmadan önce öğrenin, belki de asla kullanmanız gerekmeyecek. Bilgi daima güçtür.

En küçük seviyede para biriktirmeye başlasak bile, zenginliğe doğru adım atmış oluruz. Biriktirdiklerimizin arttığını ve büyüdüğünü görmek eğlencelidir. Biriktirdiklerimizle yatırımlara adım atarız. O zaman paranız sizin için çalışmaya başlayacak, siz onun için çalışmayacaksınız. Bir süre için, bu onaylamayı kullandım: GELİRİM SÜREKLİ ARTIYOR VE NEREYE DÖNSEM ZENGİNLEŞİYORUM. Kendim için kişisel bir yasa oluşturdum, siz de yapabilirsiniz. Parayla ilgili bilincinizi değiştirmenize yardım edecektir. Deneyimlerimden yola çıkarak konuşuyorum, çünkü fakirlikten, gerçek fakirlikten geliyorum. Hayatımın büyük bir kısmında hiç param olmadı. Zenginlik bilincine sahip değildim. Fakirlik bilincim vardı. Bugün geldiğim noktaya doğru bilinçle geldim. Bununla kast ettiğim şey şu; kendimle, yaşamımla ve parayla ilgili düşüncelerim değişti. Düşünce yapım değiştiğinde, bilincim ve dünyam değişti.

Zor bir bebeklik ve çocukluk geçirdim. Neredeyse hiç paramız yoktu. Tüm çocukluğum boyunca sıcak suyumuz yoktu ve odun sobasının üzerinde yemek pişerdi. Buzdolabı duyulmadık bir lükstü. Babam devlet destekli bir iş grubunda *WPA*'da çalışıyordu, küçükken biraz para kazanıyordu ama çok değildi. Bir ucuzluk mağazasında iş bulduğumda ne kadar sevindiğimi hâlâ hatırlıyorum. Ama o günlerde bilincim gelişmeye başladı. Bir depoda ve küçük bir lokantada çalıştım; her türlü hizmet işini yaptım, çünkü bilincim bunu hak ettiğime inanıyordu. Bu inançları aşmam uzun bir süre aldı. Anlayışım gelişmeye başladığında, Evrende bolluğun olduğunu kavrayabildim. Bu bolluk, bilincini geliştirecek olanların ulaşabileceği bir bolluktur. Evren vermeyi sever. Almakta zorluk yaşayan biziz. Zenginleşmemize *izin* verildiği, zenginleşmeye *hakkımız* olduğu, *zenginleşebileceğimiz* fikrini kabul etmek için bilincimizi genişletebilene kadar yoksun kalacağız. Ancak o zaman Evrenin bize vermesine izin verebiliriz.

Çoğu kadın "Para istiyorum," "Paraya ihtiyacım var" diyor. Ve yine de etrafımıza duvarlar örmek için her şeyi yapıyoruz. Bu yüzden para o duvarlardan geçemiyor. Öğretebileceğiniz en zor workshop muhtemelen zenginlik workshopudur. İnsanların zenginlikle ilgili inançlarına meydan okunduğunda, çok çok öfkeleniyorlar. Ve en çok paraya ihtiyaçları olan kadınlar genellikle en güçlü fakirlik inançlara sahip olanlardır. Ayrıca o inançlara meydan okunduğunda en çok rahatsız olanlardır. Herkes sınırlayıcı inançlarını değiştirebilir ama değişecek şey ne kadar çoksa süreç de o kadar zor görünür. Ve siz daha çok korkabilir ve koruyucu olabilirsiniz.

Listenizi yaptığınızdan emin olun: PARAYLA İLGİLİ İNANDIKLARIM. Çocukken parayla, işle, kazançlarla ve zenginlikle ilgili duyduğunuz tüm inançlarınızı, her yorumu listeleyin. Ayrıca parayla ilgili hissettiklerinizi not edin. Paradan nefret mi ediyorsunuz? Para tiksindirici mi? Yolunuza çıktığında buruşturacak mısınız? 10 dolarlık bir faturayla sevgiyle konuştunuz mu hiç? Faturalarınızı kutsadınız mı? Size hizmet verdiği ve faturanızı ödeyeceğinize güvendikleri için telefon şirketine teşekkür ettiniz mi? Para aldığınızda minnettar oldunuz mu veya yeterince olmadığından hep şikâyet mi ediyorsunuz? Paraya olan tavrınızı ve parayla olan tavrınıza gerçekten göz atın! Bulduklarınıza şaşırabilirsiniz.

Geçim düzeyinin üzerinde ilk paramı kazanmaya başladığımda, bu konuda çok çok suçlu hissediyordum. Bunu vermeye çalışıyordum ya da aptalca şeylere harcıyordum, böylece yine parasız kalıyordum. Biraz fazladan paraya sahip olmak bilinçaltımdaki eski inanç sistemime o kadar tersti ki bundan kurtulmak zorundaydım. İnançlarımı değiştirmek ve para kazanmak, bunun tadını çıkarmak ve para biriktirmeyi hak ettiğimi bilmek uzun zaman almıştı.

Kadınların şunu anlaması lazım; bir şeyi bilincimizde yaratana kadar yaşamlarımıza hiçbir şey girmez. Ancak doğru bilinçle kazanabiliriz. Kozmik bankamıza zihinsel katkımızı (olumlu onaylamalar) yapıyoruz. Yeterince yatırdığımızda, bunlar bize zenginlik formuyla geri dönüyor. Hayatınıza iyiyi getirmek konusunda suçlu hissetmeyin. Bunu zaten kazandınız! Bunun için bir şey ödemenize gerek yok. İşini yaptınız. Bu yüzden kazancınız burada, elinizde.

Geliriniz artmaya başladığında, işiniz daha iyiye gittiğinde, para akmaya başladığında, bunu bilincinizde zaten kazanmışsınızdır. Bu yeni durumun tadını çıkarın: BUNU ZATEN KAZANDIM. BUNU HAK EDİYORUM. BUNU ZATEN KAZANDIM. Sonra da teşekkür edin ve minnet duyun. Daha önce de dediğim gibi, Evren minnettar insanı sever.

Diğer kadınlar zengin değilken sizin neden zengin olabileceğinizi merak ederek zamanınızı ziyan etmeyin. Hepimiz kendi bilinç yasamız altında çalışıyoruz. Bilinçlerini açar açmaz yaşamlarında iyiyi yaratma yeteneğine herkes sahiptir. Ruhsal uyanış hepimizin elinin altındadır; bunu kabul edip etmemek bize bağlıdır. Öğrenci hazırsa, öğretmen ortaya çıkar, ne bir dakika önce ne bir dakika sonra.

Kendinize vergi ödemeniz gerektiğine inanıyorum. Bu güçlü bir şeydir. Kendinize vergi ödemek, Evrene: "Ben değerliyim, Ben hak ediyorum, Ben kabul ediyorum" demektir. Kadınların kazandıklarının yüzde 10 ila yüzde 20'sini kendilerine vergi olarak ayırmalarını öneriyorum. Gelirinizin kaymağını alın. Bu para günlük ihtiyaçlarınız için kullanılmamalı. Biriktirilmeli ve ev ya da iş gibi büyük yatırımlar için kullanılmalıdır. Bu kazançlarınızı yemekten alıkoyar. Küçük miktarlarla bile başlasanız, bir kısmını ayırmaya başlayın. Ne kadar hızlı arttığını görmek inanılmazdır. Kendinize vergi ödemek öz sevgi eylemidir ve özdeğer yaratmanıza yardımcı olur.

Kiliseler sadece Tanrı'ya vergi ödemenizi ister, kiliselerine bağış yoluyla. Ama siz Tanrı'nın bir parçasısınız. Her Şey olanın bir parçasısınız. İstiyorsanız ruhsal kaynağınıza da vergi verin ama kendinizi de unutmayın. Daha fazla kazanana kadar vergi vermeyi beklemek gibi bir hataya düşmeyin. Fakirlik zihniyetiyle, vergi verecek kadar asla kazanmazsınız. Şu anda inançlı olmalı ve harcamadan önce paranızın bir miktarını ayırmalısınız. Sonra da arta kalan miktarla bütçenizi oluşturabilirsiniz. Bu egzersizin yaşamınıza daha çok iyilik getirmesine şaşıracaksınız. Kendinize vergi vermek bir para mıknatısı yapmaya benzer.

ON BİRİNCİ BÖLÜM

ON BİRİNCİ BÖLÜM

Kadınları Destekleyen Kadınlar

"Kadınları Güçlendirme" destek grubu oluşturun. Böylece çeşitli egzersizlerle, eski inançları değiştirmek için onaylamaları kullanarak, yaşamlarındaki harika değişimlerden zevk alarak ve bu süreci diğerleriyle paylaşarak kadınların sınırlayıcı inançlarını belirlemelerine olanak sunulur. Bu grup süreci değişimi desteklemek için harika enerji sunar.

Kadınları Güçlendirici bir grubu organize etmek için mükemmel olmanıza gerek yok. Yine de kendi yaşamınızda bu düşünce ve prensipleri gerçekten kullanmanız lazım, bu bilgiyi diğerleriyle paylaşma isteğine sahip olun, kalbinizi açın ve dinlemeye istekli olun. Bir gruba liderlik etmek, takipçileri kadar lider için de bir büyüme sürecidir. Bu yüzden bazı "şeylerinizin" tetiklenmesine hazır olun. Ne harika! İyileşme ve büyüme süreçlerine devam etmek için tümü bir fırsattır. Unutmayın, kendimizi ve başkalarını sevmek bu gezegende sahip olduğumuz en önemli görevdir.

Kadınları Güçlendirme destek grubu olarak birkaç kadın arkadaşınızla haftada bir kez bir araya gelebilirsiniz. Grup seansları bu kitaptaki bölümlere dayanabilir. Her hafta farklı bir bölüm üzerinde tartışmak isteyebilirsiniz. Başka kaynakları, Düşünce Gücüyle Tedavi, *Reflections On Your Journey* de dâhil diğer kitaplarımı daha yararlı bulabilirsiniz.

"Ne kadar korkunç şeyler yaşıyorum" oyunu oynamak için destekleyici grubu kullanmayın. Tersine, gelişme sürecinizde bu grubu bir atlama taşı olarak kullanın. Eski kalıpları desteklemek için destekleyici grubunu kullanmanız bir işinize yaramaz ve bu hafta en kötüyü kimin yaşamış olduğunu görmenin bir faydası yoktur.

Genel Kurallar

İlk ve en önemli egzersiz NEYE inandığınızı bulmaktır. Bu gerçekten gözünüzü açabilir. Defterinize birkaç tam sayfa ayırın ve her birinin üzerine şu başlığı atın: ... HAKKINDA İNANDIKLARIM:

- Erkekler
- Kadınlar
- Kendim
- İlişkiler

- Vaatler
- Aile
- İş
- Zenginlik
- Sağlık
- Ölüm
- Evlilik
- Çocuklar
- Para
- Yatırımlar
- Yaşlanma

Bu inançlar içseldir, sizi yöneten bilinçaltı kurallarıdır. İnandığınız olumsuz inançları tanımlayabilene kadar yaşamınızda olumlu değişiklikler yapamazsınız.

Tüm bu listeler aşağı yukarı tamamlandığında, baştan sona okuyun.

Sizi besleyen ve destekleyen her inancın başına bir yıldız koyun. Bu inançlar saklamak ve desteklemek isteyeceğiniz inançlardır.

Olumsuz olan ve hedeflerinize zarar veren her inanca başka bir işaret atın. Bunlar olmak istediğiniz şeyden sizi alıkoyan inançlardır. Bunlar silmek ve yeniden programlamak isteyeceğiniz inançlardır.

Daha fazla konu eklemek isteyebilirsiniz. Bir konu üzerinde bir hafta çalışmak isteyebilirsiniz, her bireye kendi listesi üzerinde konuşması için zaman verebilirsiniz.

Destekleyici bir grup oluşturmak isteyenler için birkaç öneri:

1. Derin paylaşımlar için güvenli bir alan yaratın. Bunu yapmanın yollarından biri de herkesin gizlilik için söz vermesini istemektir, kendi süreçlerinizi paylaşmanızı ve taktığınız maskeleri bırakacağınız bir yer olması gerektiğini bildirmektir. Kimse sizden "mükemmel" bir yaşama sahip olmanızı beklemiyor. Grup, yaşamlarımızdaki durumlarla baş etmek için yeni yolların olduğunu öğrenmek için vardır. Toplantı yeri oturma odanız, bir konferans odası ya da bir kilise olabilir.

2. Yargılamayan, kabul edici bir tavır benimseyin. Kimseye ne "yapması gerektiğini" söylemeyin. Düşüncelerini ve bakış açılarını değiştirebilecekleri öneriler sunun. İnsanlar yargılandıklarını hissederlerse, anında direnç gösterirler.

3. Her grup seansını siz başlatın. "*Ruhum düşüncelerime, kelimelerime ve eylemlerime her seansla rehberlik ediyor*" ve "*bu gruba liderlik ederken Tanrısal Bilgeliğe güveniyorum*" gibi onaylamalar kullanın. Grup esnasında meydan okuyucu bir şey olursa, anında derin nefes alın ve olumlu bir onaylama düşünün.

4. Grubun başlangıcında, aşağıdakileri önerebilirsiniz:

♦ Dakik olun!
♦ Tüm toplantılara geleceğinize söz verin. Devamlılık önemlidir.
♦ Dikkatli dinleyin ve her kadının paylaştığına saygı duyun.
♦ Biri konuşurken laf yetiştirmeyin.
♦ Grup içinde paylaşılanların gizli kalacağına dair herkesin sözünü alın. Katılımcıların paylaştıkları zaman güvende hissetmeleri önemlidir.
♦ Konuyu paylaşmaya odaklanın, tüm "hikâyeyi" değil.
♦ "Onların bana yaptığı..." gibi cümlelerden çok "Ben" le başlayan "Ben hissediyorum ki..." gibi cümleler kullanın.
♦ Zaman konusunda ve diğerlerine paylaşma şansı verme konusunda saygılı olun.

5. Her seansta herkesin paylaşacak zamanının olması önemlidir. Grup büyükse, bir egzersiz ya da paylaşmak için beş altı kişilik gruplar oluşturabilirsiniz.

6. Genellikle grupta çok konuşan ya da bir şekilde yıkıcı olan biri olacaktır. Grubu bastırmaya çalışan kişinin yete-

rince iyi olmama ya da yeterince dikkat çekememe korkusundan kaynaklı davrandığını bilin. Gruptan sonra, bireysel olarak bu kadınla konuşmak en iyisidir. Sevgi dolu bir şekilde "Grupla paylaşacak çok şeyinin olmasını takdir ediyorum. Bu kadar girişken olmayanların kendilerini çekingen hissetmelerinden kaygılıyım. Gelecek hafta, diğer lerinin de konuşmasına izin verme bilincini gösterebilir misin ve önce onların paylaşmalarına? Teşekkür ederim" diyebilirsiniz. Bu kadına size yardımı dokunabilecek bir görev de verebilirsiniz.

7. Deneysel çalışma en önemli farkındalık yöntemidir. Her grup toplantısında, ayna çalışması, içsel çocuk meditasyonu, "gereklilik" egzersizleri vs. gibi deneysel bir egzersiz sunun.

8. Esnek olun. Grup süreciyle, her şey planladığınız gibi gitmeyebilir. Tanrısal Doğru Eylem her zaman iş başında olduğunda, sürece güvenin ve akışına bırakın!

9. Sık sık kendinizi ve tepkilerinizi gözlemleyin. Yetersiz ya da kaygılı hissetmeye başlarsanız, birkaç derin nefes alın, rahatlayın ve sessizce olumlu bir onaylama söyleyin.
10. Sabit kalmak isteyen biriyle tartışmayın. Başkasının

sıkıntısının sizi sıkmasına izin vermeyin. Grup lideri olarak, dış koşullar ne olursa olsun herkes için iyileşmenin mümkün olduğunu BİLİN. Ruhun rahatsızlıktan, mali zorluklardan ya da ilişki sorunlarından çok daha güçlü olduğu GERÇEKTİR!

11. Espri anlayışı geliştirin! Farklı bir bakış açısı kazanmanın harika bir yolu kahkahadır.

12. Gruptaki kadınların genellikle ifade etmeleri ve serbest bırakmaları gereken çok derin duyguları vardır. Keder, öfke ve kızgınlık gibi ifadelerle baş edebilmeniz çok önemlidir, diğerlerinin rahatlamasına yardımcı olmak istiyorsanız. Derin duygulardan ürktüğünüzü fark ederseniz, korkunuzu keşfetmenize yardım edebilecek güveneceğiniz bir terapist bulabilirsiniz.

13. Her grup toplantısından sonra aynanın karşısına geçin ve kendinize ne kadar iyi yaptığınızı söyleyin, özellikle gruplara liderlik etmekte yeniyseniz.

14. Grup toplantılarınıza meditasyonla başlayın ve böyle bitirin. Herkesin gözlerini kapatmasını ve bir iki dakika nefes almasını söyleyerek bunu basit tutabilirsiniz. Ben

herkesten el ele tutuşmasını istiyorum. El ele tutuştuklarında diğerinin enerjisini hissetmelerini istiyorum. Sonra odadaki herkesin aynı şeyi istediklerini hatırlatıyorum. Her kadın sağlıklı, zengin olmak ister, sevgi alıp vermek ister ve onları tatmin edecek şekilde kendilerini yaratıcı bir şekilde ifade etmek ister. Kapanış meditasyonu boyunca, herbirimizin, kendim de dâhil yaşamlarımızın kalitesini geliştirecek bir şeyler öğrendiğimizi hatırlatırım. Her şey iyi ve biz güvendeyiz.

15. Her grup farklıdır ve her toplantı farklı olacaktır. Şu andaki grubun ve toplantının enerjisiyle akmayı öğrenin.

16. Her seans için ihtiyacınız olanlar:

♦ Meditasyon kasetleri ve müzik çalmak için bir teyp.
♦ Bir el aynası ve/veya boy aynası.
♦ Kalem ve kâğıt.
♦ Birkaç kutu mendil.
♦ Kutsal bir atmosfer yaratmak için mum ya da tütsü (isteğe bağlı).

17. Katılımcılardan her toplantıya yazmak için bir günlük ve bir el aynası getirmesini isteyin. Oturmak ya da medi-

tasyonlarda kullanmak üzere bir yastık ve sarılmak için bir peluş oyuncak getirmelerini de isteyebilirsiniz!

* * *

Sonuç

Hepimiz çok fazla sorunumuzun olduğunu düşünüyoruz. Yine bu sorunlar yaşamın dört kategorisinde toplanıyorlar: sevgi, sağlık, zenginlik ve kendini ifade etme. Bu yüzden, ne kadar ezici görünürse görünsün, temizlememiz gereken sadece dört alan var. Ve sevgi içlerinde en önemli olanı. Kendimizi sevdiğimizde, başkalarını sevmemiz ve onların bizi sevmesi kolaydır. Karşılığında bu ilişkilerimizi ve çalışma koşullarımızı geliştirir. Kendimizi sevmek iyi bir sağlık için anahtar faktördür. Benlik ve yaşam sevgisi bizi Evrenin zenginliğine bağlar. Benlik sevgisi, kendimizi ifade etmemizi sağlar ve yaratıcı olmamıza izin verir.

Hepimiz Öncüyüz!

Bugün her kadının öncü olduğunu hissediyorum. Eski öncü kadınlar yol açtılar. Risk aldılar. Yalnızlık ve korkuyla uğraştılar. Fakirlik ve zorlukla dolu yaşamlar yaşadılar. Kendi korunaklarını oluşturmak ve kendi yemeklerini bulmak zorundaydılar. Evli olsalar bile, erkekleri uzun süreler boyunca uzaktaydılar. Kadınlar kendilerini ve çocuklarını savunmak zorundaydılar. Kendi kaynaklarını bulmaları gerekti. Ve bu ülkenin kurulmasında temeli attılar. Bu cesur kadınlar olmasaydı erkekler bugünkü Amerika'yı yaratamazlardı.

Bugünün öncü kadınları sizin ve benim gibi. Kendimizi tatmin etmek ve cinsler arasında eşitliği sağlamak için inanılmaz fırsatlarımız var. Olduğumuz yerde çiçek açmak ve tüm kadınlar için yaşamı daha iyi hâle getirmek istiyoruz. Eğer yaşam kadınları yeni bir başarı ve özgürlük seviyesine doğru itiyorsa, o zaman bunun bir sebebi olmalı. Bu döngüden nasıl yararlanacağımızı bulmalıyız. Yaşamak için yeni haritalara ihtiyacımız var. Toplum meçhul sulara gidiyor. Ne tür şeyler başarabileceğimizi yeni öğreniyoruz. Bu yüzden pusulanızı alın ve yola çıkın. Öğrenecek ve verecek çok şeyimiz var. Haritayı yapan ve istikameti belirleyen biz olabiliriz, toplumun hangi bölümünden geldiğimizin bir önemi yoktur.

Tek doğduk ve tek öleceğiz. Aradaki boşluğu nasıl dolduracağımızı biz seçiyoruz. Yaratıcılığımızın ya da olasılıklarımızın önünde sınır yok. Becerilerimizden sevinç duyabiliriz. Çoğumuz kendimize bakamayacağımıza inandırılarak yetiştirildik. Kendimize bakabileceğimizi bilmek harika hissettiriyor. Kendimize sık sık "Ne olursa olsun, bununla baş edebileceğimi biliyorum" dememiz gerekiyor.

Duygusal olgunluk seviyesinde, kadınlar bu yaşamda evrimlerinin en yüksek noktasındalar. Şu anda hiç olmadığımız kadar iyiyiz. Bu yüzden kendi kaderimizi desteklemek için bu mükemmel zaman. Şu anda kaydettiğimiz ilerlemeler her yerdeki kadınlar için yeni bir standart oluşturacaktır. Şu anda düşündüğümüz ve deneyimlediğimiz şeyin ötesinde yaşamda çok olanak vardır. Daha önce hiç olmadığı kadar biz kadınların fırsatı var. Diğer kadınlarla temasa geçmenin, tüm kadınlar için yaşamı geliştirmenin zamanıdır. Bu şekilde erkekler için de yaşam gelişecektir. Kadınlar tatmin ve mutlu olduğunda, harika eşler, çalışılacak ve yaşanacak harika insanlar olacaklardır. Ve erkekler sonsuz derecede eşit olmaktan kendilerini rahat hissedeceklerdir!

Kadınlar arasındaki bağları güçlendirmek, gelişim yolunda birbirlerini desteklemeleri için çalışmalıyız. Diğer kadınların erkekler üzerinde eski rekabet oyunlarını devam ettirmeleri için zaman yok. Kadınlar kendilerine geliyor. Elimizden geldiğince çok şey öğrenmek istiyoruz, böylece bu gücü çocuklarımıza ve onların çocuklarına bırakabiliriz. O zaman kadınlar bir daha asla *bizim* yaşadığımız, annelerimizin, büyük annelerimizin ve onların annelerinin tahammül ettiği taciz ve küçümsenme deneyimlerini yaşamak zorunda kalmayacaklar. Bu kavrayışa ve özgürlüğe sadece birlikte çalışarak kavuşabiliriz.

Kendinizi Sevin, Yaşamınızı Sevin!

İçinizdeki kadın,
akıllı, güçlü,
dinamik, yetenekli,
özgüvenli, canlı,
uyanık, şahane
bir kadındır.
Onun ortaya çıkmasına
ve
oynamasına
izin verin.
Dünya sizi bekliyor.

LOUISE L. HAY
POZİTİF DÜŞÜNCE
GÜCÜYLE
MUTLU YAŞAMIN SIRLARI
MARTI